Meiner Schwester

Wolfgang Picken
WIR
Die Zivilgesellschaft
von morgen

Mit einem Vorwort
von Udo Di Fabio

INHALT

VORWORT
von Udo Di Fabio 6

DIE ZIVILGESELLSCHAFT VON MORGEN!
Stimmt etwas nicht? 11

1. KAPITEL
ES BRAUCHT DAS MITEINANDER
Die Krisen in Partnerschaft, Ehe und Familie 31

2. KAPITEL
ALLES GEBEN, WAS WIR HABEN
Die Investitionen in die nächste Generation 62

3. KAPITEL
IN DER SCHWÄCHE STÄRKE ZEIGEN
Solidarität und Humanität in Alter und Tod 98

4. KAPITEL
WIR HABEN ES GESCHAFFT
Flüchtlingshilfe als Lernerfahrung
für die Gesellschaft 126

5. KAPITEL
DIE SCHERE TUT NIEMANDEM GUT
Wege aus der Polarisierung 148

6. KAPITEL
GROSSE PLAYER TRAGEN GROSSE VERANTWORTUNG
Wirtschaft, Staat und Kirchen **175**

7. KAPITEL
MITEINANDER STATT NEBENEINANDER
Die Zivilgesellschaft von morgen **200**

»*WIR* MACHEN DAS!«
Die Debatte fängt an **218**

VORWORT

Im Jahr 1972 erregte eine Studie des Club of Rome weltweite Aufmerksamkeit, die über die Grenzen des Wachstums handelte. Unmittelbar vor Beginn der Ölkrise wurde der technikverliebte und wachstumsgläubige Westen mit dem Gedanken konfrontiert, es gebe ökologische Grenzen, die nicht mit technischen und marktwirtschaftlichen Mitteln überwunden werden könnten. Im Geist der Sechzigerjahre, als John F. Kennedy zu Beginn des Jahrzehnts dem staunenden Publikum angekündigt hatte, dass in weniger als zehn Jahren ein Amerikaner den Mond betreten würde und diese Voraussage exakt in Erfüllung ging, schien alles möglich: praktisch kostenlose Stromversorgung durch Kernenergie, Heilung aller Krankheiten, die Lösung von Verkehrsproblemen durch autogerechte Innenstädte, ja recht bald schon durch flugfähige Autos, Automatisierung des Alltags, Entlastung von Arbeit, ein Schlaraffenland vor uns. Und dann kamen die amerikanische Niederlage in Vietnam, die Ölkrise und dieser verstörende Hinweis kluger Köpfe, dass natürliche Lebensgrundlagen nicht endlos, nicht ohne Konsequenzen vom Menschen genutzt und belastet werden können, dass Rohstoffe irgendwann zur Neige gehen oder auch das Weltklima sich durch die Aktivität mobiler und dynamischer Gesellschaften verändere. Es hat über Jahrzehnte gedauert, bis solche Ansichten zumindest den Raum für große politische Diskussionen geöffnet, zu internationalen Abkommen geführt haben, zu einer Umsteuerung ganzer Volkswirtschaften.

»Nachhaltigkeit« wurde zu einem Schlüsselbegriff der ökologisch umlernenden Gesellschaft. Man kann in einem Wald nur so viel Bäume fällen wie nachwachsen, sonst zerstört man den Wald. Im Blick auf die Umwelt wird Derartiges heute in jeder deutschen Schule gelehrt. Aber gibt es auch Grenzen des Wachstums für die innere Ordnung einer Gesellschaft, für Kultur, Mentalitäten, den Lebensalltag, für die Seele der Menschen? Die menschliche Gesellschaft kann nach außen auf natürliche Lebensgrundlagen und ökologische Grenzen stoßen. In ihrem Innern dagegen gibt es andere Grenzen. Es sind sozio-kulturelle Grundlagen, es sind anthropologische oder psychische Dispositionen, die ebenfalls dem »Immer-Mehr« und »Immer-Weiter« den Weg verstellen können, die jedenfalls mehr Respekt verlangen. Der Glaube, politisch mit Geld und Gesetzen alles geschmeidig regeln und gestalten zu können, ist inzwischen erschüttert. Wolfgang Picken spricht von der »Lüge der Machbarkeit«, die inzwischen nicht mehr verfängt. Ordnungsverluste, unüberlegte Entgrenzungen, populistische Blockaden nehmen zu. Eine Gesellschaft, die ihre Perspektiven komplett individualisiert und den Staat dagegen für alle Gemeinschaftsbelange zuständig macht, kann nicht funktionieren. Viele Bürger spüren das und wollen handeln, wollen konstruktiv etwas anpacken, in die eigenen Hände nehmen. Im Lande wächst ein Netzwerk aus Alltagsinitiativen, um einen Spielplatz zu erhalten, eine Kindertagesstätte aufzubauen oder einen verwahrlosten Park wieder attraktiv und sicher zu machen. Menschen, die hier handeln, wissen, dass sie nicht den Staat ersetzen können. Sie sind nicht vermessen. Aber jene zupackenden Frauen und Männer, die etwas aufbauen, unterhalten und pflegen – sie wollen den Staat ergänzen, Verwaltungen und Ratsmitglieder anregen. Es geht nicht darum, den Staat anzuklagen, sondern sein zivilgesellschaftlicher Komplementär zu sein. Das ist ein neues, ein offenes Konzept, das nur dann überzeugt, wenn sein Gelingen aus der Praxis belegt werden kann. Die neue Zivilgesellschaft muss zeigen, dass sie funktioniert, es bedarf dafür des kompetenten Zeugnisses. Dieses Buch ist von jemandem verfasst, der wie kaum ein anderer berufen ist, die Stimme zu erheben.

Der Autor dieses Bandes, Dr. Wolfgang Picken, ist ein katholischer Pfarrer aus dem Bonner Süden, aus Bad Godesberg. Er ist ein ganz und gar ungewöhnlicher Vertreter seines Berufsstandes. Als emphatischer und rühriger Seelsorger ist er seit Jahrzehnten bekannt, seine klugen theologisch tiefschürfenden Predigten füllen die Kirche. Aber er ist mehr. Mit dem überall spürbaren Spardruck seines Bistums mochte er sich nicht abfinden. Er wollte nicht einfach Kindergärten oder Jugendtreffs schließen oder auf die angemessene Begleitung Sterbender verzichten. Der Pfarrer gründete vor 13 Jahren eine Bürgerstiftung, damit eine Gemeinde über das Kirchliche hinaus zusammenfindet, Kräfte mobilisiert und in die Bresche springt. Dabei fragte keiner so genau, ob das ganze katholisch oder evangelisch oder säkular gemeint war, was zählt, ist der Erfolg. Die »Überschreitung der Milieugrenzen«, die in diesem Band gefordert wird, sie ist hier Wirklichkeit geworden. In katholischen Kindertagesstätten sind nicht nur evangelische Kinder oder Kinder von Eltern, die keiner Religionsgemeinschaft angehören, sondern auch ein guter Teil islamischer Kinder, Kinder von Einwanderern, deren Eltern ein offenes, aber auch mit Werten geprägtes Umfeld suchen. Solche Einrichtungen wurden mit Hilfe der örtlichen Bürgerstiftung nicht nur erhalten, sondern verbessert, ausgebaut, fachlich qualifiziert – und all das, weil Bürger gespendet haben, weil Handwerksbetriebe kostenlos oder ermäßigt arbeiteten, weil ehrenamtliche Helfer Hand anlegten, weil Künstler kostenlos auftraten. Dem Pfarrer gelang es, ein ganzes kommunales Umfeld zu mobilisieren, für seine Kirchengemeinde, für eine karitative Infrastruktur. Und ganz nebenbei hat die Gemeinde seit über einem Jahrzehnt auch einen öffentlichen Ort der Begegnung, des Gesprächs, der Mitte gefunden.

Dieses Buch erzählt über die ganze Breite der Erfolge wenig, jedenfalls nicht unmittelbar. Es geht Wolfgang Picken nicht um eine Leistungsschau eigener Erfolge. Was den Band so spannend macht, das ist die schlaglichtartige Erhellung der fehlenden sozio-kulturellen Nachhaltigkeit unserer Gesellschaft, aber auch die Hoffnung auf jene bürgerlichen Kräfte, die schlummern und manchmal auf die zündende Idee warten. Die Diagnosen beginnen bei der Erosion grundgebender Institutionen wie Ehe und Familie. Das Buch kritisiert jenen Glauben, wir könnten die Erziehung und Pflege unserer Kinder immer mehr und vielleicht komplett auslagern. Wer jetzt annimmt, hier stimme ein katholischer Pfarrer konservativ und rückwärtsgewandt das Lied einer historisch versunkenen bürgerlichen Familie an, die nicht mehr wiederkommt, der irrt. Denn hier spricht jemand, der eine der ersten, bundesweit vorbildlichen U3-Einrichtungen errichtet hat, hier können Mütter und Väter darauf vertrauen, dass sie im Zwang des Berufsalltags auch Kinder unter drei Jahren in gute Hände geben. Aber der private Raum der Familie: Er soll und muss von außen gestützt, aber er kann nicht ersetzt werden. Liebe lässt sich nicht in öffentlichen Einrichtungen sozialisieren. Kindertagesstätten und Schulen sind überfordert, wenn keine Eltern als Ansprechpartner bereitstehen, wenn die Familie desinteressiert oder zerrüttet ist. Wo sollen all die kompetenten und mitfühlenden Erzieher und Erzieherinnen herkommen, wenn die grundlegenden Werte nicht auch immer am Vorbild und in der Prägung der familiären Erlebniswelt von Generation zu Generation weitergegeben werden? Die freie Gesellschaft gelingt auch hier nur komplementär. Ich weiß nicht, ob ich so weit gehen würde wie der Autor, der den Staat als einen beliebigen, nur gleichrangigen Akteur im öffentlichen Raum ansieht und die Grenze zwischen Staat und Gesellschaft für entbehrlich oder doch hinderlich hält. Aber jedenfalls bedarf eines neuen konstruktiven Bündnisses zwischen privatem Raum und den öffentlichen Bühnen, zwischen Staat, Kirchen, Vereinen, Initiativen und privaten Akteuren. Wolfgang Picken vertieft keine Gräben, er schüttet sie zu, aber nicht mit wohlfeiler Rhetorik und Seelenbalsam, sondern mit klarer, mit sachlicher Diagnose. Er, der promovierte Politikwissenschaftler, lässt sich politisch nicht in eine Schublade stecken, er ist weder »Wutbürger« noch »Gutbürger«. In der örtlichen Flüchtlingshilfe spielt der Pfarrer seit 2015 eine wichtige Rolle. Hier wird überwiegend muslimischen Migranten und Kriegsflüchtlingen wirksam geholfen, hier erweist sich die Komplementarität der neuen Zivilgesellschaft angesichts eines Staates, der vieles schaffen will, aber eben doch nicht alles schaffen kann. Aber berichtet wird auch davon, dass die örtlichen Moscheegemeinden nur anfänglich Besucher des Runden Tisches Flüchtlingshilfe waren, ihre Solidarität ist offenbar national und religiös eng begrenzt. Die Alarmzeichen einer sich in mehrfacher Hinsicht fragmentierenden Gesellschaft werden am Beispiel Godesbergs durchaus benannt, jene Verluste von kultureller Homogenität, die nicht überall zu neuer bunter Vielfalt führen. Polarisierung, Ghettoisierung, politische Lagerbildung, der Abriss von Diskussionen, neue soziale und wirtschaftliche Diskrepanzen, all das wird benannt und gerade deshalb für die »WIR-Strategie« geworben. Denn dort, wo Bürger praktisch handeln, wo sie Verantwortung übernehmen, wächst jene Gemeinschaft, die die Zwillingsschwester der personalen Freiheit ist. Es geht um die Gemeinschaften, die uns nicht aufgezwungen und verordnet werden, sondern die wir aus freien Stücken und in guter Einsicht begründen, weil die eigene Freiheit ohne die Achtung des Anderen ihre Voraussetzung zerstört. Mit diesem Buch ist ein bemerkenswertes Plädoyer für die neue Zivilgesellschaft entstanden.

Udo Di Fabio

DIE ZIVILGESELLSCHAFT VON MORGEN!
Stimmt etwas nicht?

»Es stimmt etwas nicht.«
So empfinden viele. Sicher: Wir leben seit 70 Jahren in Frieden und Freiheit. Keine Generation vor uns hat das so erlebt. Durch eine gute wirtschaftliche Entwicklung wird der Wohlstand vieler gemehrt. Die Sozialsysteme fangen weitgehend Risiken und Benachteiligungen auf. Aber: Es verbreitet sich auch verstärkt der Eindruck, dass in dieser Gesellschaft etwas gründlich schiefläuft. Nicht wenige befürchten einen nahenden Kollaps der Systeme, gar eine Gefährdung unserer politischen und sozialen Ordnung. Indizien dafür sind schnell bei der Hand: Die soziale Schere klafft immer weiter auseinander. Die demografische Entwicklung beunruhigt und ist kaum mehr umkehrbar. Die solidarischen Sicherungssysteme für Krankheit und Alter versagen zusehends. Ähnliches kündigt sich im Bereich der Erziehung von Kindern und Jugendlichen an. Überall alarmierende Anzeichen einer Überforderung und keine Lösungen. Diese Indizien für eine Krise der modernen Gesellschaft sind den meisten nicht unbekannt. Aber vieles bleibt im Ungefähren. So gedeihen Unsicherheit und Zukunftsängste. Der Einzelne sieht sich selbstverständlich nicht in der Lage, an der Fülle und Schwere solcher Symptome, gar an ihren Ursachen etwas zu verändern. Auch die Verantwortlichen in Politik und Wirtschaft, selbst die Eliten in der Gesellschaft, die meisten jedenfalls, weichen zurück. Man kennt keine Antworten auf die Kollaps-Symptome, weder in der Kranken- und Altenversorgung, noch auf die demografische Zuspitzung. Also redet man lieber nicht darüber. Man verharrt im vermeintlich Bewährten und betont in Wahlkämpfen beinahe trivial den Einsatz »Für ein

Deutschland, in dem wir gut und gerne leben«. Es stimmt etwas nicht.

Sehr viele in unserer Gesellschaft haben das intuitiv verstanden. Nicht wenige vermuten, dass uns eine Korrektur nicht mehr rechtzeitig gelingen wird. Gestützt wird dieser Eindruck von scharfen, durchaus nachvollziehbaren und fundierten Analysen. Dass sich »das Gesellschaftssystem neu erfinden muss«, hat der ehemalige Richter am Bundesverfassungsgericht, Udo Di Fabio, in seinem Buch »Schwankender Westen« (Beck, 2015) angemahnt. Mit einem ähnlichen Titel, »Zerbricht der Westen?« (Beck, 2017), kommt der Historiker Heinrich August Winkler zu dem Ergebnis, dass die »gegenwärtige Krise in Europa und Amerika« von grundsätzlicher Natur ist. Der Club of Rome und sein deutscher Ko-Präsident Ernst Ulrich von Weizsäcker haben mit dem neuen Bericht »Wir sind dran« (Gütersloher Verlagshaus, 2017) detailliert nachgewiesen, dass die Lebensart der westlichen Gesellschaften nicht nachhaltig ist. Er führt eindringlich aus, »was wir ändern müssen, wenn wir bleiben wollen«. Legt man diese Analysen und Bewertungen zugrunde, kommt man zu dem Schluss, dass »das System«, das uns und befreundeten Völkern Freiheit und Wohlstand gebracht hat, insgesamt ernsthaft in Frage steht. Es ist nicht mehr an einigen abgenutzten Betriebselementen zu reparieren oder partiell zu reformieren. Die Grundlagen unserer demokratischen und sozialen Ordnung westlicher Prägung schwinden. Es geht um die Substanz! Es stimmt vieles nicht.

Das ist auch mein sicherer Eindruck. Er ergibt sich aus langen Beobachtungen und intensiven Erfahrungen. Es ist nicht allein das Resultat eines politikwissenschaftlichen Blicks auf die Situation. Es ist die fortwährende Berührung mit der Lebenssituation von Menschen in allen möglichen Altersphasen und Problemlagen, die für mich unübersehbar macht: Es gibt große Risse im Fundament unserer Gesellschaft. Diese betreffen den privaten Bereich wie Ehen und Familien. Sie betreffen aber genauso die öffentlichen Systeme Erziehung, Bildung, Integration von Migranten, Gesundheitswesen und Altenpflege. Überall erlebt man ein erschreckendes Maß an Überforderung, sodass die Funktionalität vieler gesellschaftlicher Abläufe ernsthaft in Frage gestellt ist. Nicht selten ist sie jetzt schon nicht mehr gegeben. Das ist mehr als ein Hinweis auf einen technischen Fehler im System. Das bedeutet eine zunehmende Entwürdigung von Menschen, wenn sie auf soziale Hilfestellungen angewiesen sind, die nicht mehr oder nur noch mangelhaft funktionieren. »Die Würde des Menschen ist unantastbar« – dieser Kern des europäischen Menschenbildes und absoluter Maßstab unserer demokratischen Ordnung – ist faktisch längst angegriffen. Ich teile daher die Einschätzung, dass wir uns mit zunehmender Geschwindigkeit auf einen Kollaps der Systeme und auf einen Zusammenbruch der Gesellschaft hinbewegen.

Was der Intuition und Befürchtung der einen und der Erkenntnis, Systemanalyse und Warnung der anderen dringend folgen müsste, wäre eine breite und tiefgehende gesellschaftliche Debatte. Es geht schließlich um den Fortbestand unserer Gesellschaft. Da wirkt es geradezu symptomatisch, dass eine solche Debatte nur gelegentlich in den Feuilletons einzelner Zeitungen stattfindet. Folgenlos, selbstverständlich. Die Intensität dieser Realitätsverweigerung schockiert. Sie hat Gründe. Erstens ist es kaum möglich, den Analysen ebenso fundierte Lösungsvorschläge folgen zu lassen. Es gibt nicht die *eine* Idee, die geeignet wäre, die grundlegenden Probleme abzustellen. Zweitens ist nicht klar, ob es überhaupt noch eine Lösung gibt, die einen Kollaps verhindern könnte. Und drittens stellt niemand gerne ein System als Ganzes, komplett und radikal, in Frage.

Unbequeme Fragen in noch bequemer Lage

Wenn die Feststellung nicht trügt, dass etwas mit unserer Art zu leben nicht stimmt, bleibt uns eine kritische Selbstbefragung und Suche nach Reaktionen nicht erspart! Es braucht zuerst eine Selbstvergewisserung darüber, was die Grundlagen und Fundamente unserer Gesellschaft sind. Wir dürfen kaum mehr von einem gleichen Wissensstand ausgehen! Dann wird zu fragen sein, in welchem Zustand sich diese Fundamente befinden. Wo zeigen sie Risse? Wo versagen die Solidarsysteme und warum? Welche Folgen hat das für den Einzelnen und die Gesellschaft? Welche Veränderungen sind anzustreben, wie sind sie umzusetzen und mit wem?

Bei der Diskussion dieser Fragen helfen nur nüchterne und ehrliche Analysen und Zustandsberichte. Beschönigungen, die den Ernst der Lage verschleiern und den Bürger in Sicherheit wiegen wollen, schaden jeder konstruktiven und lösungsorientierten Debatte. Sie blockieren die Bereitschaft des Bürgers, sich an Veränderungen zu beteiligen.

Mit der Krise des »Klimawandels« gewinnen wir einen Eindruck davon, wie schwer eine solche Debatte so zu führen ist, dass sie zu einer merkbaren Veränderung im Verhalten führt. Das gilt für die Einzelnen wie für die Gesellschaft. Obwohl das Phänomen seit den 1960er Jahren bekannt ist und seit den 1990er Jahren als wissenschaftlich belegt gilt, ist es noch nicht wirklich gelungen, international, national und lokal zu ausreichend wirksamen Übereinkünften zu kommen und sie umzusetzen – wider die eigene Einsicht. Erreicht wurde allerdings, dass die allermeisten dies Problem als ernsthaft und dringend einschätzen.

Über die fatalen Zustände in den gesellschaftstragenden Systemen wissen wir sehr viel weniger und sprechen wir seltener als über den Klimawandel. Entsprechend sind angemessene Überlegungen und Reformprozesse nicht festzustellen. Dabei betreffen diese Krisen die Menschen in ihrer unmittelbaren Lebenssituation und Nähe. Fast wirkt es so, als wollten wir nicht hinschauen, weil wir nur sehr schwer die Feststellung zulassen könnten, dass unser moderner Lebensentwurf Fehler hat, und zwar erhebliche. Wie auch immer: Wegsehen und Verharren sind zutiefst menschliche Verhaltensmuster. Sie machen das Leben heute erträglicher. Und was morgen kommt – darauf reagieren wir dann.

Mit realistischem Pessimismus und begründetem Optimismus

Wegsehen und Verharren sind keine Optionen, wenn es um schwerwiegende Probleme und möglicherweise folgenschwere Prozesse geht. Eigentlich stehen sie dem aufgeklärten Menschen grundsätzlich nicht gut zu Gesicht. Der Blick auf die Realität ist die entscheidende Voraussetzung dafür, Alternativen und Lösungen zu entwickeln. Wenn die gegenwärtige Lage bereits manche in ihrer Würde berührt und unser System perspektivisch als Ganzes in Bedrängnis bringen kann, ist die Lage ernst genug. Dann muss es zu einer ehrlichen Auseinandersetzung kommen.

Es wird also im Folgenden ein Blick auf die verschiedenen Bereiche der Gesellschaft geworfen, die auf den Kollaps zusteuern. Dabei lege ich die Zustände in den gesellschaftlichen Subsystemen und in den entsprechenden Einrichtungen vor Ort zugrunde. Ich sehe auf Regeln und Gewohnheiten in meinem näheren Umfeld. Die Beobachtungen sind nicht speziell, sondern stellvertretend und typisch. Die Diagnosen sind folglich übertragbar.

Der realistische Blick auf die Lage der Gesellschaft stimmt zunächst pessimistisch. Die Diagnosen sind verheerend. Aber sie sind nicht vollkommen aussichtslos. Auch das ist eine Erfahrung im nahen Umfeld aus Initiativen und Experimenten. Wenn Menschen ein neues Verständnis von Zivilgesellschaft entwickeln und sich als WIR formieren – hier und anderswo –, sind Veränderungen möglich. Es gibt Anlass auch zu vorsichtigem Optimismus. Das Hinsehen und Sichbewegen lohnen sich.

Kollabierende Systeme und das neue WIR

Untersuchungen an der Statik der Gesellschaft müssen an den Fundamenten beginnen und dort ansetzen, wo Menschen naturgemäß auf die Hilfe anderer angewiesen sind. Sanierungen ebenso. Ein Kurzbefund vorab:
- Ehe, Familie, Partnerschaften gelten seit jeher als zentrale Fundamente einer funktionsfähigen Gesellschaft. In Deutschland befinden sie sich seit Jahren in einer schweren Krise. Ungefähr 50 Prozent der auf Dauer angelegten Beziehungen zerbrechen. Damit auch viele Menschen. Man nimmt dies hin, ohne nach der Wirkung zu fragen, die ein solcher Befund für Gesellschaft und Staat hat. Das ist leichtsinnig. Stattdessen ist zu überlegen, wie Partnerschaften, Ehen und Familien mehr Unterstützung erfahren können, damit sie im Letzten auch ihre Funktion für die Gesellschaft wahrnehmen können.
- Zentral für die Zukunft der Gesellschaft sind die Erziehung und Bildung von Kindern und Jugendlichen. Wir stellen fest, dass in unserem Land diese Aufgabe zunehmend mehr von Bildungseinrichtungen wahrgenommen wird. Sie werden familienersetzend tätig. Das hat zumeist ökonomische Gründe und geht mit einer Veränderung im Rollenverständnis der Eltern einher. Die Folgen sind deutlich wahrnehmbare Beeinträchtigungen

der Kinder und eine systematische Überforderung der Erzieher/innen und Lehrer/innen. Es wird zu prüfen sein, ob wir noch hinreichend das Wohl der kommenden Generation im Blick haben.

- In den meisten Kulturen gilt es als ein wichtiger Indikator für eine solidarische Gesellschaft, wie alte und pflegebedürftige Menschen in ihr leben. In unseren Alten- und Pflegeheimen herrschen Personalmangel und Pflegenotstand. Die totale Überforderung des Personals ist ein Dauerzustand. Pflegenden Angehörigen geht es nicht anders. Die politischen Reformvorhaben täuschen über das Ausmaß der Not hinweg und suggerieren Lösungen, die keine sind. Menschen sterben an falschen Orten, schlecht behandelt, mit Schmerzen, ohne Würde. Was tun?
- Die Stärke eines Staates und einer Gesellschaft kann man daran bemessen, wie sie große Krisen bewältigen. Wenn gegenwärtig von kollabierenden Systemen, dem Versagen des Staates und einer großen Krise der Gesellschaft in der Öffentlichkeit die Rede ist, dann im Zusammenhang mit Geflüchteten. Oft mit populistischem Unterton. Bei näherer Betrachtung ist aber festzustellen – auch wenn das heute kaum mehr jemand wahrnehmen möchte –, dass die Bewältigung der Flüchtlingskrise seit 2015 ein Indiz für eine unerwartete Vitalität und Reaktionsfähigkeit unserer Gesellschaft ist. Sie lieferte angesichts dieser überdimensionalen Herausforderung ein Beispiel für die neue Zivilgesellschaft. Das WIR schafft es! Man wird neugierig fragen müssen, wie das möglich wurde. Es könnte als Modell zur Krisenbewältigung dienen. Hoffnungsvoll!
- Auskunft über den inneren Zustand einer Gesellschaft gibt zudem, in welchem Verhältnis die gesellschaftlichen Gruppen und Milieus in ihr zueinander stehen. In Deutschland fällt eine wachsende Polarisierung auf. Die

Spanne zwischen Arm und Reich nimmt zu und führt zu immer größerer Entfremdung. Das belastet schon jetzt den gesellschaftlichen Frieden. Auch werden gemeinschaftliche Lösungsmodelle für große soziale Herausforderungen unwahrscheinlicher. Wie kann man dem entgegenwirken? Gibt es ein Interesse, das über Milieugrenzen hinweg Menschen verbinden kann und von dem alle Vorteile haben?
- Die deutsche Gesellschaft hat, auch ein Ergebnis der Analyse, starke Player. Wirtschaft, Politik und Kirchen verfügen über erhebliche Ressourcen – ein Stabilitätsfaktor und wichtig, wenn Krisen zu bewältigen sind. Allerdings verlieren fast alle Großinstitutionen erheblich an Zustimmung. Insgesamt fällt auf, dass die großen Akteure ihre Möglichkeiten wenig nutzen, um zivilgesellschaftliches Engagement zu fördern. Sie sind mit sich selbst beschäftigt. Wie kann es gelingen, dass sie ihre Verantwortung für die neue Zivilgesellschaft wahrnehmen? Was ist von ihnen zu fordern?
- Ein besonderes Merkmal der deutschen Gesellschaft ist ihre Tendenz zur Singlegesellschaft. Der Individualismus ist weit fortgeschritten. Viele Menschen sind kaum mehr in tragfähige soziale Beziehungen eingebunden. Das führt zu wachsenden Ansprüchen an den Sozialstaat und bedingt nicht unwesentlich den Kollaps der Systeme. Eine ungesunde Sozialstruktur! Wie lassen sich soziale Bindungen fördern? Wie können neue Formen von Gemeinschaft aussehen? Wie kann ein neues WIR entstehen, an dem sich auch Menschen mit einer individualistischen Lebenseinstellung beteiligen? Wie können die etablierten Systeme dazu beitragen, dass neue gesellschaftliche Subsysteme entstehen? Wie gelingt es, dass am Ende alle in einer neuen Zivlgesellschaft zusammenwirken?

Grenzen der Solidarität

Staat und Gesellschaft werden nicht überleben können, wenn immer mehr Situationen, die Solidarität erfordern, an den Staat delegiert werden. Wenn dies geschieht, liegen dem ein grundlegendes Missverständnis vom Sozialstaat und eine wachsende Distanzierung von der Verantwortung zugrunde, die dem Einzelnen und der Gesellschaft zukommen. Staatlich gewährleistete Solidarität setzt aber wahrgenommene Subsidiarität voraus.

Eine an der Menschenwürde Maß nehmende Altenpflege beispielsweise ist nicht nur Aufgabe der Solidargemeinschaft. Sie ist nicht erfüllt, indem finanzielle Mittel bereitgestellt und flächendeckend Pflegeeinrichtungen vorgehalten werden. Vielmehr sind alle Teile in der Gesellschaft gefordert, ihren Beitrag für ein menschenwürdiges Alter und Sterben zu leisten. Damit kommen die Familienangehörigen, die Nachbarn und ehrenamtlichen Helfer, selbstverständlich auch die professionell in der Altenpflege Tätigen in den Blick: Pfleger/innen, Träger von Heimen, Wohlfahrtsverbände, Kirchen und andere. Eigentlich sind sie alle zuerst gefordert. Das Solidarsystem unterstützt sie dabei, ersetzt sie aber nicht.

Wenn das Verhältnis von gesellschaftlicher und individueller Eigenverantwortung und sozialstaatlicher Leistung aus dem Gleichgewicht gerät, kommt es unweigerlich zur Überforderung der Sozialsysteme. Sie können das Defizit nicht kompensieren. Die Konsequenzen tragen zuvorderst die Schwachen in der Gesellschaft. Das ist bereits der Fall. Aber wenn die Systeme gänzlich kollabieren, wird es jeden betreffen, der auf Hilfestellung angewiesen ist. Am Ende wird es sich nur ein sehr kleiner Prozentsatz leisten können – das hat Meinhard Miegel vorgerechnet –, aus seinem Vermögen vollständig die Finanzmittel aufzubringen, die seine Versorgung in Alter und Krankheit kostet. Aber auch für die gilt, dass man sich für Geld nicht einkaufen kann, was man sich unter einer fürsorglich-liebenden Begleitung und einem würdigen Sterben vorstellt. Solche Hilfe wird man nur von Menschen erwarten können, mit denen man in einer guten Verbindung steht.

Grundlage einer neuen Zivilgesellschaft ist es also, dass die Menschen wieder die Verantwortung entdecken und wahrnehmen, die sie jenseits staatlicher Fürsorge füreinander haben. Es wird neu ins Bewusstsein treten müssen, dass jeder Einzelne tragfähige Beziehungen benötigt und in sie investieren muss, wenn er in schwierigen Phasen des Lebens getragen sein will. Menschen leben dann weniger nur für sich, sondern wieder im WIR, leben miteinander und nicht nebeneinander. Bürger verlangen dann nicht zuerst nach dem Staat, sondern überlegen, was sie gemeinsam und gegebenenfalls mit dem Staat zusammen tun können. Der Staat seinerseits widersteht der Versuchung, für alles zuständig zu sein, fördert die Eigeninitiativen der Gesellschaft und agiert mit der Gesellschaft zusammen, wo es sinnvoll und notwendig ist. Wenn WIR die Gesellschaft so organisieren würden, wäre der Gewinn bei allen.

Es geht nur miteinander

Die großen Problemstellungen, seien es die Erderwärmung oder die maroden Systeme in der Gesellschaft, werden sich nicht von Einzelnen, sondern nur im Miteinander lösen lassen. Dazu besteht tatsächlich keine Alternative! Den Kopf in den Sand zu stecken, getreu dem Motto: »Nach mir die Sintflut«, mag von einigen als Strategie erwogen werden. Eigentlich weiß aber jeder, dass das nicht als Lebenstugend taugt. Schon jung zu sein oder sich so zu fühlen, genügt, um diese Haltung inakzeptabel zu finden. Auch die Vorstellung einiger Privilegierter, sich auf eine kleine Arche aus privat finanzierter Vorsorge zu retten, während die Welt drum herum in den Fluten kollabierender Wirtschafts- und Sozialsysteme versinkt, wird kein gutes Überleben sichern. Wie schön wäre denn ein materiell reich ausgestattetes Leben auf einer schicken Yacht in Ozeanen aus Armut, Gewalt, Einsamkeit und Lieblosigkeit?

Es wird zu gemeinsamen Lösungen kommen müssen. Besonders im nahen Umfeld, aber auch im Ganzen der Gesellschaft. Selbst wenn der Begriff der »großen Koalition« durch die politischen Realitäten der letzten Jahre überstrapaziert erscheint und zunächst nicht hoch im Kurs steht, ist es genau das, was viele Krisensymptome als Reaktion verlangen: Eine große Koalition der Vernünftigen quer durch die ganze Gesellschaft. Sie ist den Menschen zuzutrauen!

Dabei wird es vermutlich wenige große Entwürfe geben, mit denen sich überall und gleichermaßen Herausforderungen lösen lassen. Es wird darauf ankommen, Mut zum Experiment zu haben. Die Ergebnisse werden reichen von zunächst tastenden Projektentwürfen Einzelner zur Verbesserung des persönlichen Umfeldes bis hin zu gemeinschaftlichen Anstrengungen, anstehende Gesellschaftsprobleme in den Griff zu bekommen. Meist wird es zuerst lokal entwickelt und umgesetzt werden, nicht selten dann aber auch modellhaft und gesellschaftlich relevant sein. Es geht in allem um die Stabilisierung vorhandener Subsysteme und um ihre sinnvolle Ergänzung. Gefordert sind kreative Innovationen, wo Bestehendes nicht mehr ausreicht. Für das Ganze wird entscheidend sein, ob es gelingt, Menschen zueinanderzuführen und in Aktionen zu versetzen, um gemeinsam das Lebensumfeld erträglich und menschenwürdig zu gestalten.

»Yes we can« oder »Wir schaffen das« sind schöne, auch ermunternde Appelle. Wir kennen sie. Sie verklingen und verwehen, weil ihnen allzu oft keine Taten folgen. »Yes we do it«, »WIR machen das«, diese Haltung wird es brauchen. Sie hat die Kraft, Menschen anzusprechen und in Aktion zu bringen, weil sie glaubhaft ist.

Vor Ort hinsehen

Orte sind verschieden. Nicht jede Beobachtung in der Nähe ist übertragbar auf das Fernere und Allgemeine. Aber neben den Unterschieden gibt es auch vielfach Gleiches und Ähnliches. Auf die eigene Situation genau zu schauen, Defizite auszumachen, ihnen zu begegnen und sie vielleicht zu lösen, hätte also gleich zwei Motivationen. Es könnten Beobachtungen und Konzepte entstehen, die vor Ort und gleichermaßen für andere Orte interessant sind. Ob und wie solche Übertragungen möglich sind, darüber müsste man sich dann im Einzelfall austauschen.

Der Ort, an dem ich meine Beobachtungen gemacht und Erfahrungen gesammelt habe, ist der Bonner Stadtteil Bad Godesberg. Statistiker behaupten, nirgendwo sonst in Deutschland sei die Spanne zwischen Reich und Arm auf so engem Raum so groß. Mit seinen knapp 75.000 Einwohnern auf 31 Quadratkilometern ist Bad Godesberg ein Brennglas der bundesrepublikanischen Gesellschaft, das Große im Kleinen. Hier leben Universitätsprofessoren und Spitzenmanager der deutschen Wirtschaft in herrlichen Villen, und nur wenige Straßen davon entfernt Migranten und Hartz-IV-Empfänger in Mehrgeschossgebäuden entlang von Bahngleisen und einer Bundesstraße. Die »Ränder der Gesellschaft« befinden sich nicht in einem abgelegenen Satellitenviertel, sie leben in der geografischen Mitte des Stadtbezirks. In Bad Godesberg können sich die sozialen Schichten nicht aus dem Weg gehen. Ihre Wege zu Arbeitsplätzen, Schulen, medizinischer Versorgung, Dienstleistungen und Einkaufsmöglichkeiten kreuzen sich.

Bad Godesberg ist, obwohl hier sehr viele pensionierte Beamte der Bonner Ministerien wohnen, nicht überaltert. Die Ansiedlung von DAX-Konzernen, EU- und UNO-Behörden hat junge Familien mit Kindern in den Bonner Süden gebracht. Mit ihnen auch »moderne Performer« mit neuen, interessanten Berufen, sehr mobil und sehr flexibel. In allen sozialen Schichten leben Menschen aus aller Welt, die Nationen- und Sprachgruppenzugehörigkeiten sind vielfältig, ebenso die Religionen. Muslime sind nicht der einzige Zugewinn im ursprünglich katholischen Bad Godesberg. Selbstverständlich treten in dieser heterogenen Gesellschaft die damit verbundenen Probleme und Konflikte auf. Aber es gibt auch ein gutes Zusammenleben und fruchtbare Begegnungen der Kulturen.

Bad Godesberg ist ein Brennglas der Bundesrepublik: Es lohnt, hier genau hinzuschauen. Schon in dieser kurzen Beschreibung findet man vieles wieder, was auch aus anderen Sozialräumen bekannt ist. Die geografischen Distanzen zwischen den Milieus mögen in den Großstädten sehr viel größer sein, die Zahl der Milieus in den Dörfern vielleicht kleiner. Hier geht es aber nicht um das Originelle im Lokalen, sondern um das Typische und Übertragbare. Damit kann man sich das Dargestellte für Überlegungen, für die Ideensuche und Entwicklung von Konzepten auch an anderen Orten zunutze machen, freilich erweitert durch den genauen Blick auf die spezielle Situation vor Ort.

Die Menschen in den Blick nehmen

Es ist keine neue Erkenntnis: Die Menschen sind verschieden. Man muss diese Verschiedenheit respektieren und wertschätzen. Sie bringt divergierende Interessen, Grenzen und Defizite mit sich. Aber sie bedeutet auch eine Vielfalt von Begabungen, Fähigkeiten und Interessen, die man produktiv in gemeinsame Veränderungsprozesse einbinden kann. Wenn man nur mit Seinesgleichen Systeme umgestalten möchte, wird man es schwer haben. Es gilt also, jedem Einzelnen etwas zuzutrauen, ihm Möglichkeiten zur Entfaltung seiner Talente zu bieten und ihn gleichberechtigt am WIR partizipieren zu lassen. Wo man sich so auf die Vielfalt einlässt, wird man Überraschungen erleben, nicht selten auch eine unerwartete Dynamik. Sie ist eben größer und unberechenbarer, als man planen oder vorhersehen könnte.

Allem voraus aber muss es zuerst darum gehen, Menschen für die Idee des WIR zu gewinnen. Man muss das Verbindende finden, das alle betrifft oder zumindest den meisten wichtig ist. Wenn eine Identifikation erreicht ist, wird ein Engagement nicht lange auf sich warten lassen. Das wird kaum möglich sein, wenn man sich nur auf wissenschaftliche Beobachtungen und statistische Daten bezieht. Gefordert ist ein persönlicher Blick darauf, wie es mit der Würde des Menschen in unserer Gesellschaft aussieht, auch wie es um die Ausgeglichenheit und Zufriedenheit der Bürger bestellt ist. Man muss die Situation der alten Menschen, die daheim und in den Pflegeheimen betreut werden, selbst in Augenschein nehmen, auch den Kontakt zu denen suchen, die sie pflegen. Man muss sich einen Eindruck davon verschaffen, wie es um die Kinder bestellt ist und was es konkret bedeutet, wenn uns die Nachricht aus den Kindertagesstätten erreicht, dass eine hohe Zahl von ihnen einen erhöhten Förderbedarf entwickelt. Ein Gespräch mit dem pädagogischen Personal ist unumgänglich. Das sind nur zwei Beispiele.

Wenn man die Menschen wahrgenommen hat, die von den Krisensymptomen bereits betroffen sind, und unmittelbar erlebt hat, welchen Einfluss das auf ihre Würde, ihre physische und psychische Verfassung nimmt, werden die Stellungnahmen glaubhaft und relevant, die Konzepte lebensnah. Das ist es, was Menschen anspricht, anrührt und verbindet. Nicht zuletzt auch deshalb, weil sie annehmen können, dass man auch hinsehen und helfen wird, wenn sie selbst von einem Mangel betroffen sein könnten. Damit hätten sie ein wesentliches Merkmal der Zivilgesellschaft von morgen erfasst: Man nimmt sich wieder gegenseitig wahr!

Viele Menschen sind bereit, sich für die Allgemeinheit konkret einzubringen. Nicht wenige wissen aber nicht wo und oft auch nicht mehr wie. Ihnen ist das Soziale fremd geworden. Sie fühlen sich unsicher. Auch das darf man nicht übersehen. Es verlangt Geduld, sie in die Prozesse der Zivilgesellschaft einzubinden. Sie brauchen Zeit und Übung, um zu erkennen, worin ihre Nützlichkeit im sozialen Kontext besteht und wie sie sie zum Einsatz bringen können. Aber das WIR darf es nicht unversucht lassen, diese Menschen mitzunehmen.

Eine Strategie: WIR

In Bad Godesberg fangen WIR bestimmte soziale Probleme und Herausforderungen durch gemeinsam entwickelte und getragene Aktivitäten auf. Das kommt den Betroffenen zu Gute, aber auch uns selbst. WIR, die Bürger/innen an einem Ort, lernen uns kennen und schätzen. WIR sehen gemeinsam hin. WIR denken zusammen nach und suchen nach Lösungen. Dadurch entstehen neue Formen des Zusammenlebens und ein spürbarer Zusammenhalt. Wir machen gute Erfahrungen. Es tut sich etwas: um uns herum und in uns. WIR lernen, anders zu denken. WIR erwarten nicht mehr nur Antworten und Konzepte vom Staat und den gesellschaftlichen Systemen. Wir sehen uns selbst gefordert.

WIR haben uns verändert und verändern uns weiter. Learning by doing. Das ist das eine.

Das andere ist: WIR nutzen die Zeit. Man kann sich fragen, wie die Situation in zehn Jahren sein wird. Wissenschaftliche Studien haben davon bereits feste Vorstellungen. Beispielsweise werden die beiden wichtigsten sozialen Akteure in Deutschland, die beiden großen Kirchen, dann vermutlich so geschwächt sein, dass sie ihr soziales Netz aus Krankenhäusern, Schulen, Kindergärten, Sozialstationen, Altenheimen, Hospizen nicht mehr aufrechterhalten können. Auch wird die Zahl der ehrenamtlich tätigen Kirchenmitglieder drastisch sinken. An vielen Orten wird das erhebliche Auswirkungen auf die soziale Versorgung haben! Ob es genauso kommen wird, lässt sich nicht sagen. Darüber lange zu philosophieren oder zu lamentieren, wirkt wenig konstruktiv. Möglich ist stattdessen, die Zeit zu nutzen und im Windschatten noch verhältnismäßig günstiger Bedingungen an der Erweiterung des sozialen Systems vor Ort zu arbeiten. Dabei wird überraschend viel Kreativität frei. Entwicklungen, die nicht denkbar schienen, realisieren sich. Den Bürger/innen sind Lösungen zuzutrauen!

WIR setzen hier vor Ort an und reichen die Erfahrungen an andere Gemeinden und Kommunen, auch die Gesamtgesellschaft weiter. Die neue Zivilgesellschaft wird sich *bottom up,* von »unten« nach »oben«, entwickeln. Vor Ort sind die problematischen Situationen hautnah zu erleben. Hier brennt es. Hier muss entwickelt werden, was getan werden kann und muss. Besonders im direkten Sozialraum, also an der Basis, lassen sich die Mängel an Subsidiarität und Gemeinwohlorientierung beheben und durch neue Erfahrungen ersetzen. Hier ist der Bürger bereit, sich zusätzlich einzusetzen: Vor der eigenen Haustür. Sich bewährende Innovationen müssen später auf übergeordnete Ebenen übertragen und angepasst werden. Es ist eine zentrale Aufgabe der etablierten Großinstitutionen und der staatlichen Organisationen, dieses aufzuspüren und seine Verbreitung zu fördern. Sie tun schließlich gut daran, sich die Erfahrungen des WIR an der Basis der Gesellschaft selbst zu eigen zu machen, um nach ähnlichem Modell auf die großen Problemstellungen zu reagieren: In Form einer gesellschaftsübergreifenden Koalition, eines großen WIR von Staat und Gesellschaft.

Ein Pfarrer schreibt?

Dass ich katholischer Priester bin und Pfarrer des Seelsorgebereichs Bad Godesberg, steht schon auf dem Umschlag dieses Buches. Es ist die größte pastorale Einheit im Erzbistum Köln mit gut 26.000 Katholiken. In ihr sind drei Kirchengemeinden zusammengefasst. Vor Beginn der Strukturreformen und Zusammenlegungen waren es 13 eigenständige Pfarreien. Der Seelsorgebereich unterhält zahlreiche Kirchen, Kapellen, Pfarrzentren und Kindergärten. Hinzu kommen weitere kirchliche Institutionen und Einrichtungen: Gymnasien, Pflegestationen und Altenheime. Dreizehn Ordensgemeinschaften sind hier tätig. Es ist nicht übertrieben zu sagen, dass die katholische Kirche Bedeutung für das gesellschaftliche Leben im Stadtbezirk hat. Entsprechend ist es selbstverständlich, dass man sich als Pfarrer nicht im magischen Dreieck zwischen Kirche, Pfarrhaus und Friedhof bewegen kann. Man trägt Mitverantwortung für das, was im Sozialraum geschieht! Das ist kein lästiger Zusatz zum priesterlichen Dienst, sondern in gewisser Hinsicht sein direkter Auftrag. Es geht nicht allein darum, ein Binnenklima zu schaffen, in dem sich Kirchenmitglieder wohlfühlen. Manche kirchenkritischen Kreise hätten das gerne. Als Christ hat man aber einen Gestaltungsauftrag für die Welt, und zwar nach dem Vorbild Jesu. Es scheint gerade heute angesichts mancher Krisensymptome der Gesellschaft und ihrer Auswirkungen auf die Würde des Menschen geboten, dass wir Priester uns sehr bewusst als Bürger dieser Gesellschaft verstehen, genau hinsehen und wenn nötig die Stimme erheben. Damit die Würde unantastbar bleibt! Dabei soll nicht verschwiegen werden, dass ich in der Wahrnehmung gesellschaftlicher Verantwortung auch die Chance sehe, dass sich die Kirche aus ihrer Krise löst, an Glaubwürdigkeit zurückgewinnt und wieder mehr Bedeutung bekommt.

Als Pfarrer von Bad Godesberg steuert man, ob man es will oder nicht, ein größeres mittelständisches Unternehmen. Organisationsabläufe und Gesetzmäßigkeiten, Chancen und Grenzen von Institutionen und Wirtschaftsbetrieben sind einem von daher aus der alltäglichen Praxis geläufig. Man spricht also nicht vom »grünen Klee«, wenn man sich in gesellschaftliche Debatten einbringt. Man kann auf erhebliche Erfahrungswerte zurückgreifen. Was meinen Blick auf die Gesamtgesellschaft betrifft, schaue ich auch als Politik- und Sozialwissenschaftler auf die Lage. Das leitet nicht unwesentlich meine Analyse und Suche nach Lösungsansätzen.

Die Aufgabe des Seelsorgers bringt es zudem mit sich, dass man mit den unterschiedlichsten Menschen in Berührung kommt. Wenn etwas in den gesellschaftlichen Abläufen nicht stimmt, realisiert man das mit etwas Aufmerksamkeit sofort und oft auf bedrückende Weise. Manche belächeln die Priester und denken, sie seien eher lebensfern und realitätsfremd. Das ist eine Täuschung. Wir wissen genau, was los ist, und zwar aus erster Anschauung: in den Ehen und Familien, mit den Kindern und Jugendlichen, den Kranken, Alten und Sterbenden. Es entgeht uns nicht, wenn der Mensch an Leib und Seele leidet. Wir spüren gesellschaftliche Spannungen und Verschiebungen in den Wertvorstellungen und im Verhalten der Menschen. Das bezieht sich nicht nur auf den Kreis der praktizierenden Gemeindemitglieder. Auch wenn die kirchliche Wirklichkeit nicht die der Gesamtgesellschaft abbildet, lebt man als Pfarrer nicht im Ghetto, sondern mitten in der Gesellschaft. Manches Mal mehr, als einem lieb ist. Deshalb machen mich das Schweigen und der Stillstand nervös.

Prägend für mich als Priester und für meinen Blick auf den Menschen und die Gesellschaft ist es, Christ zu sein. Ich schätze den Menschen und seine vielfältigen Begabungen. Ich bin davon überzeugt, dass er zuerst das Gute will und zu Einsicht und Aufbruch imstande ist. Mit dem Blick auf das Kreuz weiß ich: Es gibt unabwendbar das Böse, es gibt Niederlagen und den Tod. Aber ich bin als österlicher Mensch auch zutiefst davon überzeugt, dass der Mensch aus jedem Tiefpunkt auferstehen kann, wenn er sich auf die Liebe, seine Talente und den schöpferischen Geist Gottes besinnt. Heilung ist möglich. Das stimmt hoffnungsvoll – auch, wenn ich auf die Kollapssymptome unserer Gesellschaft blicke.

Darum geht es!

In Bad Godesberg haben sich Dinge verändert. Es wurde nüchtern hingesehen und analysiert. Es wurde nachgedacht und an Konzepten gearbeitet. Probleme konnten verringert oder sogar gelöst werden. Die einen haben Perspektiven gewonnen oder Hilfe erfahren. Die anderen konnten bislang unbekannte Fähigkeiten entdecken und einbringen. Viele haben neu den Vorzug erlebt, den es hat, wenn Menschen im Miteinander leben und wirken. Eine neue Form von Zivilgesellschaft entsteht. WIR sind hier noch lange nicht »fertig«. Aber hoch motiviert, weiterzugehen.

Es wäre zu wünschen, das könnte auch an anderen Orten und am Ende bundesweit möglich werden. Dazu braucht es eine ernsthafte und nüchterne Debatte. Wie können wir als Bürgerinnen und Bürger gemeinsam die Gesellschaft gestalten, um die Menschen, unsere soziale Ordnung und den demokratischen Staat vor dem möglichen Kollaps zu bewahren? Die Lösung besteht, davon bin ich überzeugt, in der neuen Zivilgesellschaft. Sie muss sich neu im WIR zusammenfinden.

Kurz:

Es braucht eine Debatte über die Zukunftsfähigkeit unserer Gesellschaft. Die Zeit drängt. Es gibt alarmierende Kollapssymptome. Nicht selten bleibt bereits die Würde des Menschen auf der Strecke, weil die Sozialsysteme überfordert sind.

Einer Debatte muss eine nüchterne Bestandsaufnahme der gesellschaftlichen Situation vorausgehen. Beschönigungen helfen nicht weiter. Nur auf Grundlage von Fakten werden Lösungen möglich.

Erfahrungen neuer Formen von zivilgesellschaftlicher Kooperation vor Ort verweisen auf einen Lösungsansatz. Wenn Menschen zusammenrücken und in ein Miteinander finden, wenn sie sich als WIR verstehen und in Bewegung setzen, wird Zukunft möglich.

1. KAPITEL

ES BRAUCHT DAS MITEINANDER
Die Krisen in Partnerschaft, Ehe und Familie

Unser bisheriges Gesellschaftssystem misst Ehe und Familie eine besondere Bedeutung bei. Sie besitzen Verfassungsrang. Das Grundgesetz, Artikel 6, stellt Ehe und Familie »unter den besonderen Schutz der staatlichen Ordnung«. Hier geht es nicht zuerst um einen gesetzlichen Regelungsbedarf hinsichtlich zwischenmenschlicher Liebesbeziehungen oder um moralische Grundvorstellungen. Es geht darum, verlässliche Partnerschaften und die nachhaltige Sorge von Menschen füreinander zu fördern. Das aktiviert die Selbsthilfekräfte der Gesellschaft und entlastet den Staat. Mehr noch: Auf Dauer garantieren stabile Subsysteme seine Existenz. Das macht Ehe und Familie zu unverzichtbaren Fundamenten der Gesellschaft. Bis vor Jahren war das selbstverständlicher Bestandteil einer jeden Gesellschaftslehre. Dieses Verständnis hat sich weiterentwickelt. So beanspruchen andere Formen des Zusammenlebens ebenso für sich den Schutz und die Förderung durch den Staat. Das ist nicht unberechtigt. Auch kontrovers geführte moralische Diskussionen können nicht darüber hinwegtäuschen, dass jede Form der zwischenmenschlichen Beziehung, die nachhaltig angelegt ist, eine Entlastung für den Staat bedeutet und entsprechende Beachtung verdient: die Lebensgemeinschaft zwischen einem erwachsenen Kind und der bei ihm lebenden Mutter, oder das Zusammenleben von Geschwistern, eben auch eine gleichgeschlechtliche Beziehung. Solange solche Lebensmodelle auf Dauer und Stabilität angelegt sind, sollte ihre Unterstützung im staatlichen Interesse sein. Diese Feststellung mindert ausdrücklich nicht die ganz eigene Relevanz, die eine Ehe und eine Familie für die Zukunftssicherung eines Staates besitzen.

Die Funktionalität der Subsysteme Ehe und Familie, auch die von dauerhaften Partnerschaften, ist fundamental für die Stabilität, also für die Zukunft der Gesellschaft. Hier erfahren die Einzelnen, was ihnen wichtig ist und worauf es auch in der Gesellschaft ankommt: Bejahung und Korrektur, Vertrauen und soziales Miteinander, Glück und Krisenbewältigung, Fürsorge und soziale Sicherheit. Hier werden die Werte sozialisiert, die für das Zusammenleben der Gesellschaft überlebensnotwendig sind. Solidarität wird konkret, der Blick auf den anderen eingeübt. Wir sprechen von Netzwerken, die lebensnah sind und tragen. Auch wenn die Beschreibung des Ideals in den Realitäten vielfach gebrochen erscheint: Grundsätzlich sind diese »Systeme« als Lebensräume alternativlos. Politik und Sozialstaat können die familiären Bindungen und eine auf Nachhaltigkeit angelegte, menschliche Fürsorge weder ersetzen noch schaffen. Sie sind die Fundamente unserer gesellschaftlichen Architektur. Also sind Ehe und Familie, auch andere stabile Partnerschaften zu unterstützen, wo es nur geht! Sie zu stärken, das ist für Einzelne wie für die Gesellschaft in Zeiten krisenhafter Makrosysteme von höchstem Interesse.

Diese Einsicht bezieht sich nicht nur auf unser Land. »Die Familie ist die natürliche Grundeinheit der Gesellschaft und hat Anspruch auf Schutz durch Gesellschaft und Staat.« Dieser Satz steht in der »Allgemeinen Erklärung der Menschenrechte«, Artikel 16. Dem Sinn nach Gleiches steht in der »Charta der Grundrechte der Europäischen Union«, Artikel 9 und 33. Das bedeutet: Die Verpflichtung zum Schutz von Ehe und Familie ist keine Eigenheit unseres Grundgesetzes, sondern eine unabdingbare Voraussetzung für das gelingende Zusammenleben in jeder Gesellschaft und für die Existenz aller Staaten.

Wenn dies die Logik im Aufbau des Zusammenlebens von Menschen beschreibt, muss es alarmieren, wenn inzwischen nachweislich mehr als 50 Prozent aller Ehen und festen Partnerschaften sich trennen. Wir reden hier nicht von beiläufigen, also zu vernachlässigenden Entwicklungen. Wir stehen vor einem tiefen Setzriss im Fundament, der existenzielle Bedeutung für die Gesamtarchitektur unserer Gesellschaft besitzt. Unser System ist ernsthaft krank, und zwar an den Wurzeln. Das kann auf Dauer nicht ohne erhebliche Auswirkungen bleiben.

Die Konsequenzen sind bereits überall mehr als deutlich: Der Staat muss immer mehr dort eintreten, wo partnerschaftliche und familiäre Systeme nicht mehr greifen, die Menschen einem Singledasein den Vorzug geben oder in eher losen Verbindungen leben. Was das konkret bedeutet, zeichnet sich jedes Jahr mehr ab. Noch ist die moderne Single-Gesellschaft nicht wegen fortschreitendem Alter auf Hilfe und Zuwendung Dritter angewiesen. Gleichwohl ist die Vorstellung des jahrelang glücklichen Singles viel verbreiteter als seine Realität. In vielen Stadtteilen von Großstädten leben inzwischen nicht wenige Singles, für die jede Grippeerkrankung zur Katastrophe wird, weil ihnen Menschen fehlen, die für sie zur Apotheke gehen, den Kühlschrank füllen, sie versorgen. Eine Virusepidemie ist in bestimmten Stadtteilen von Großstädten bereits ein ernsthaftes Versorgungsproblem. Das zeigt deutlich: Alleinsein ist ein Alternativmodell mit erheblichen Risiken.

Unabhängig davon ist der Staat jetzt schon mit vielen sozialen Aufgaben überfordert. Vielen auf Hilfe angewiesenen Menschen: Kindern, Alten und Kranken, fehlt ein funktionsfähiges Familiensystem. Aber der Staat kann ihnen im sozialen Leben weder heute noch morgen ersetzen, was gestern Familien geleistet haben und vielerorts auch heute noch ermöglichen. Diese fundamentale Überforderung des Staates führt zwangsläufig zu großen Defiziten im Sozialwesen. Das hat gravierende Konsequenzen für die, die auf Solidarität und Menschlichkeit angewiesen sind. Die Realität zeigt ein sich rasant veränderndes Bild von dem, wie sich die Würde des Menschen und die Humanität der Gesellschaft in unserem Land konkretisiert. Oft bleibt von der unantastbaren Würde des Einzelnen nur noch eine Ahnung, nicht selten nur eine Karikatur.

Es regt mich auf, greift mich manchmal sogar physisch an, wenn ich sehe, wie wir in Gesellschaft und Politik zu diesen Krisensymptomen stehen. Zwar nehmen wir wahr, dass sich daraus immer unlösbarere Probleme ergeben, dass inzwischen auch viele Menschen unter den sozialen Veränderungen leiden, aber wir tun doch so, als gäbe es das alles nicht. Wir leben einfach so weiter, als sei Irrtum ausgeschlossen. Wir sehen einen Setzriss, der Einsturzgefahr bedeutet, und renovieren, um im Bild zu bleiben, die Fenster und streichen einzelne Wände. Aber keiner kommt ernsthaft auf die Idee, sich mit der gebotenen Eile und Gründlichkeit an die Statik der Fundamente zu begeben. Diese Selbstgefälligkeit und das Sich-nicht-kritisch-in-Frage-stellen-Wollen müssen beunruhigen. Wir riskieren so mehr als fahrlässig unsere eigene Existenz.

Die Generation meiner Großeltern verfolgte das Ziel, dass ihre Kinder es besser als sie selber haben sollten. Nach den leidvollen Erfahrungen von Krieg und Zerstörung, und damit einhergehend von Hunger und Existenzangst, wollten sie ihren Kindern und Enkeln eine bessere wirtschaftliche Ausgangslage ermöglichen. Sie taten es mit Erfolg. Heute hat die Not ein anderes Gesicht. Viele leiden nicht unter materiellen Entbehrungen, sondern unter den schmerzlichen Erfahrungen und Folgen, die das Scheitern ihrer Ehen und Beziehungen, das Zerbrechen ihrer Familien ausmachen. Das ist eine existenzielle Not eigener Art!

Es stellt sich also die Frage, warum meine Elterngeneration, auch meine eigene Altersgruppe, nicht alles daransetzt, ihren Kindern Ähnliches zu ersparen. Warum ist es nicht unser Kernanliegen, dass es der nächsten Generation mit Blick auf ihren partnerschaftlichen und familiären Zusammenhalt besser ergeht als uns? Eigentlich wäre das eine starke Motivation, sich mit der persönlichen Geschichte und ihren Gründen zu befassen, aus ihnen Schlüsse zu ziehen und sie an die Jugend weiterzugeben. Und doch geschieht das nicht. Vielleicht berührt es zu sehr unseren Stolz. Möglicherweise ist es auch manchem zu schmerzlich, sich dem eigenen Scheitern zu stellen. Doch dass wir aus unseren Erfahrungen nicht lernen wollen, ist eine Katastrophe für die nächsten Generationen. Wir lassen sie die gleichen Fehler machen, so als ob sie nicht zu umgehen wären und einfach zum Leben gehören. Wir warnen sie nicht einmal, dass es vielleicht gut sein könnte, es anders zu machen als wir. Traurig.

Diese Haltung wirkt sich selbstverständlich auf unser Schul- und Bildungssystem aus. Von einer Logik in Gesellschaft und Staat, von der Notwendigkeit stabiler Fundamente, also der Bedeutung, die konstante Beziehungen haben, ist hier kaum mehr die Rede. Es entsteht bei den Lernenden leicht der Eindruck, Staat und Gesellschaft könnten auch als loser Zusammenschluss von Individuen Bestand haben. Welche Bedeutung eine Familie und das Leben in festen Bindungen für das persönliche Glück, auch für die Absicherung in schwierigen Lebensphasen besitzen, wie wichtig es also ist, in sie zu investieren und den Weg der Kompromisse zu gehen, bleibt unreflektiert. Stattdessen wird die Illusion weiter kolportiert, im Zweifel sorge der Staat und die Solidargesellschaft für ein sicheres System der Hilfe. »Es geht eben irgendwie auch ohne Ehe und Familie.« Der Individualismus wird zunehmend mehr zum alles bestimmenden Maßstab auch in der Bildung. Die Lerninhalte verraten nicht nur, dass wir versäumt haben, aus unseren Fehlern zu lernen, sondern dass wir die Irrtümer fortsetzen und in die nächste Generation weiter verstärken. Wir überlassen die Nachkommenden weitgehend der Ahnungslosigkeit. Sollen sie doch ihre eigenen Erfahrungen sammeln! Wenn diese Generation nicht selber aufwacht und grundlegende Korrekturen vornimmt, wird für sie mit Blick auf ihr soziales Leben wahrscheinlich der Satz gelten: Unsere Kinder werden es noch schlechter haben. Das sollte uns bewusst werden.

Um nun die Vehemenz der Problematik näher zu verstehen, ist es wichtig, genauer auf die Situation zu schauen. Auch um Fehler zu erkennen und ihnen entgegenzuwirken. Nur so wird eher möglich, dass das gelingt, was am Ende die meisten wollen: Ein glückliches Leben in verlässlichen Bindungen.

Ein Setzriss in Zahlen

Die Zahl der Eheschließungen ging über Jahre stark zurück, nun hat sie sich einigermaßen stabilisiert. Nicht wenige Paare kommen und bitten um ihre Trauung. Diese wird dann meistens sehr festlich und mit großem Aufwand begangen. Das sind natürlich Tage der Freude und ich habe gerne daran teil. Das darf nicht darüber hinwegtäuschen, wie risikobehaftet Eheschließungen nach wie vor sind. Statistisch lässt sich das schnell deutlich machen:

Im Jahr 2015 gaben sich in Deutschland 400.115 Paare das standesamtliche Jawort. Im selben Jahr haben sich 163.335 Paare scheiden lassen. Das ergibt eine sogenannte einfache Scheidungsrate von 40,2 Prozent. Das sind 40 Prozent Wahrscheinlichkeit, dass es schiefgeht und die glücklich feiernden Brautpaare früher oder später vor dem Scheidungsgericht stehen.

Diese Zahl gibt nur die gezählten Rechtsakte wieder. Die Partnerschaften ohne Trauschein und die oft mehrjährigen Beziehungen zweier Menschen, die sich nicht in eine Ehe oder in eine zuverlässige stabile Partnerschaft entwickeln und zerbrechen, werden nicht gezählt. Dementsprechend sind auch die persönlichen Folgen solcher »inoffiziellen« Beziehungsabbrüche, abgesehen von einigen rechtlichen Regelungen der Aufteilung des gemeinsam geschaffenen Vermögens, statistisch nicht im Blick. Nimmt man alle eigentlich für langfristiges Bestehen eingegangenen Partnerschaften zusammen, liegt die Zahl der Brüche jedenfalls weit über 40 Prozent. Auszugehen ist von der Hälfte.

Würde bei einer Unternehmensgründung die Wahrscheinlichkeit des Scheiterns mindestens 40 Prozent, realistisch gesehen noch deutlich mehr betragen, würden viele auf das Startup verzichten. Bei der Ehe machen das auch deshalb viele und suchen ihr Glück in anderen Lebensformen. Also müsste man die, die das Risiko trotzdem eingehen möchten, früh genug darauf hinweisen und sie vor zu großer Naivität warnen. In jedem Fall sollte man für unterstützende Maßnahmen sorgen, damit die Aussicht auf Erfolg erhöht wird. Schließlich hat das Gelingen oder Scheitern einer Ehe Relevanz für die Eheleute und für die Gesellschaft.

Kein Paar, zumindest keines, das ich kennen würde, geht eine Ehe mit der Absicht ein, sie nach einem gewissen Zeitraum zu beenden. Alle haben hochideale Vorstellungen von ehelichem Miteinander, das, da sind sie zuversichtlich und voll bester Absichten, lebenslang bestehen wird. Sie haben einen guten Grund für diese Annahme: Liebe. Und scheitern dennoch häufig.

»Glücklich« getrennt?

Was zunächst auffällt, aber angesichts der Statistik nicht wundert: In unserer Gesellschaft ist das Zerbrechen von Ehen sehr präsent. Keine Großfamilie und kein Freundeskreis, der nicht damit in Berührung kommt. Das ist überall selbstverständlich geworden. Überhaupt nicht selbstverständlich ist, darüber zu sprechen: Warum scheitern Beziehungen? Was richtet eine zerbrochene Ehe mit und in den beiden Menschen an? Welche Folgen haben die Brüche für sie und ihre Kinder? Oft muss es erscheinen, als wäre das alles nur eine Frage des rein praktischen und juristischen Arrangements.

Offensichtliche Fragen nicht auszusprechen, Realitäten zu tabuisieren, ist unaufgeklärt. Eine solche Verweigerung einer aufrichtigen Debatte verhindert, die wirklichen Gründe für das häufige Scheitern zu erfahren. Die müssen alle »irgendwo im Persönlichen« liegen, Privatsache sein, könnte man meinen. Wenn es aber doch Fehler im System wären und zudem solche, die man vielleicht beheben könnte? Die Tabuisierung verhindert Ansätze, die zur Lösung eines offenbar großen Problems beitragen könnten.

Wenn ein Partner in einer Beziehung so leidet, dass das Leben ihm darin zumindest subjektiv »zur Hölle« geworden ist, dann scheint eine Reaktion notwendig. Wer sich dann vor die Alternative gestellt sieht, lebenslang im Unglück zu bleiben oder die Trennung herbeizuführen, um seinen Frieden wiederzufinden und die Chance auf eine neue und bessere Beziehung zu gewinnen, wird sich dann für das Ende seiner Ehe entscheiden. Das ist oft ein nachvollziehbarer Schluss. Gesellschaftlich scheint aber eine Trennung immer mehr zu einer banalen Selbstverständlichkeit zu werden. Fast wirkt es wie ein immer funktionierender Automatismus zur Erfüllung persönlicher Sehnsüchte: »Glücklich geschieden« geht

»neuem Glück« voran. Gerne wird dabei übersehen, dass viele nach einer Scheidung in Einsamkeit versinken. Nicht wenige leiden lebenslang an der Trennung und den gemachten Erfahrungen. Viele finden oft lange keinen und manchmal nie mehr einen Partner. Sie bleiben verwundet zurück.

Wer in der Liebe, in Partnerschaft, Ehe und Familie eigenes Scheitern erfährt, dem geht nicht nur »etwas« kaputt, das jetzt schnell gegen Neues auszutauschen wäre. Wie ein Unfall- durch einen Neuwagen ersetzt wird. Bei dem »Unfall« in der Partnerschaft ist der Fahrer zumeist selbst schwer verletzt: in seiner Beziehungs- und Bindungsfähigkeit, in seinem Lebensentwurf und seiner Selbsteinschätzung, in Grundlegendem seines Lebens. Der gesamte psychische »Organismus« ist beschädigt.

Neben den seelischen Folgen bedeutet eine Trennung für die dann Alleinstehenden – und ihre Kinder – eine vollständige Neuorganisation ihrer Lebensumstände. Neuer Wohnort und neues Zuhause. Neue Beziehungen und neue Möbel. Alte Forderungen und neue Verbindlichkeiten. Oft geht dieser Umbruch mit erheblichen wirtschaftlichen Belastungen einher. Das Armutsrisiko erhöht sich sprunghaft. Das belegt zum Beispiel der Fünfte Armuts- und Reichtumsbericht der Bundesregierung (2017): »Das Risiko einer Armutsgefährdung (liegt) bereits für Einzelkinder in Haushalten von Alleinerziehenden mehr als doppelt so hoch wie im Durchschnitt aller unter 18-Jährigen. Bei zwei oder mehr Kindern steigt das Armutsrisiko weiter stark an, die Haushalte von Alleinerziehenden und damit auch die darin lebenden Kinder sind zudem mit rund 12 Prozent in nennenswertem Umfang von materieller Deprivation betroffen.« Die Armutsrisikoquote von Alleinerziehenden mit einem Kind beträgt 46 Prozent. Davon sind rund 380.000 Kinder betroffen, bei Alleinerziehenden mit zwei Kindern beträgt sie sogar 54 Prozent. Das sind noch einmal 673.000 Kinder.

Insgesamt mehr als eine Million! Die Nationale Armutskonferenz formulierte im Juni 2018 sogar, dass drei Millionen Kinder und mehr als jede dritte Alleinerziehende in Armut leben.

Die vielen Konsequenzen einer Trennung treffen nicht für alle gleich schwer zu, sie treffen aber sehr viele. Völlig unbeschadet kommt da selten ein Mensch raus.

Die Folgen der Trennung sind nachhaltig, begleiten viele bis ans Lebensende: Die Ersten aus der Generation, in der Scheidungen juristisch einfacher möglich und gesellschaftlich akzeptabel wurden, sind jetzt in Altenheimen und Hospizen angekommen. Nicht wenige von ihnen sind traumatisiert, für immer verletzt, alleine. Die Erinnerungen an die misslungene Liebe drängen nun nach vorn, auch an Versagen, Schuld, tief empfundene Einsamkeit. Einen im Sterben liegenden, dementen, zitternden Menschen, der als Kind Bombennächte in Kellern verbrachte und dessen tief eingegrabenen Erinnerungen daran nun seine geistige Gegenwart sind, konnte der Mensch neben ihm in den Arm nehmen und so die Erinnerung an die beruhigende Mutter wachrufen. Ein Mensch, der im Sterben liegt und dessen zentrale Erinnerung betrogene Liebe und getäuschte Gemeinsamkeit sind, kann nicht mehr so leicht Zärtlichkeit und Zuwendung ertragen: Es tut ihm nur wieder weh. Er ist schwer zu trösten.

Eine weitere Beobachtung scheint bedeutsam: Vielen Menschen gelingt es keineswegs, nach dem Scheitern in einer ersten Ehe mit einem neuen Partner das besser zu machen, was bisher im eigenen Verhalten die Beziehung belastet hat, also schon einmal gemachte Fehler zu vermeiden. Was bedeuten würde: Ich habe das reflektiert, was ich in meiner früheren Beziehung richtig und was ich falsch gemacht habe. Die Muster wiederholen sich gerne wieder. Ein Unglück zieht das nächste nach sich.

Über das Befinden von Menschen nach dem Scheitern einer Ehe oder auch einer intensiven Beziehung, die auf Dauer und gegenseitiges Vertrauen angelegt war, gibt es keine Statistiken. Zwischen »glücklich geschieden« und »neuem Glück« liegt ein weites graues Feld. Nicht wenige Menschen tauchen daraus bis zum Tod nicht mehr auf. Darüber wird nicht geredet, das nimmt die Gesellschaft nicht wahr. Die Gründe des doch häufigen Scheiterns werden weder persönlich noch gesellschaftlich ernsthaft hinterfragt: als wäre es das Pech einer Niete in einer Liebeslotterie. Ein verheerendes Schweigen!

»Gut vorbereitet« in die Ehe

Gehen wir an den Start: Paare mit Heiratswunsch melden sich zur Trauung an und sagen im Traugespräch, sie hätten sich lange geprüft und seien sich in ihrem Willen zu einem gemeinsamen Leben einig. Sie haben sich meistens vorher lange geprüft. Sie leben miteinander, kennen sich gut. Ehen scheitern auch zumeist nicht an der subjektiven Ernsthaftigkeit des Ehewillens vor der Trauung oder an zu kurzen Kennenlern- oder Verlobungszeiten. Vielmehr brechen Beziehungen auseinander, weil es das Missverständnis gibt, diese Prüfungsphase vor der Ehe reiche aus und ihr Ergebnis gelte unumstößlich, »bis dass der Tod uns scheidet«. Die Prüfung vorher ersetzt aber nicht die regelmäßige Überprüfung und Anpassung nachher. Kein noch so langes und intensives »Abchecken« kann Entwicklungen und Veränderungen von Menschen und unvorhersehbare Herausforderungen an die Beziehung vorwegnehmen. Jedes Startup braucht nicht nur eine gute Überlegung und Einschätzung der Realitäten und Chancen vorher, sondern auch konstantes Controlling bei der Umsetzung und weiteren Entwicklung – auch dann, wenn der Erfolg tatsächlich eintrifft. Kein Unternehmen, auch kein privates und persönliches, kann nur mit dem Startkapital, der guten Absicht und dem Elan des Anfangs erfolgreich auf Jahre hin bestehen. Es braucht immer auch Anpassungen, neue Investitionen, Ideen und Umstellungen als Reaktion auf Veränderungen im eigenen »Betrieb« und Umfeld.

In fast allen Bereichen der Gesellschaft wird sich nahezu zu Tode »controlled«. Aber kaum jemand entwickelt ein Ritual der Überprüfung, Korrektur und Erneuerung von Partnerschaften. Einen Masterplan für die richtigen »Innovationen«, wenn es um den Erfolg der Liebe geht. Überall fehlt eine nüchterne Analyse der Ausgangslage. Ein beständiges Controlling im Prozess. Ein ehrliches Resümee nach dem Scheitern.

Wenn es um die Startbedingungen für eine Ehe geht, hätten die jungen Paare nicht nur ihre eigenen Erfahrungen mit ihrer Beziehung zu beleuchten. Sie müssten auch auf die Geschichte der Beziehungen in ihren Familien blicken, also auf das, was sie mit ihren Eltern und möglicherweise in Patchwork-Beziehungen von Kind auf erlebt haben. Mir scheint oft, dass sich auch über den Generationenwechsel hinweg die Muster wiederholen. Wir kennen das von Menschen, die als Kinder von ihren Eltern geschlagen wurden und nun als Vater oder Mutter gefährdet sind, auch wider besseres Wissen aus Erfahrung ihren eigenen Kindern Gewalt anzutun. Mittlerweile geht die Generation Partnerschaften und Ehen ein, deren Eltern und Großeltern bereits in Scheidung leben. Diese Vor-Generationen haben Verluste, Schuldgefühle und Wunden, vielleicht auch den Wechsel in eine bessere Partnerschaft, jedenfalls häufig keine lebenslangen Ehen mehr als stabile Kindheits- und Jugenderfahrung vermittelt. Das prägt. Dabei haben diese Kinder der Scheidungseltern und -großeltern nicht weniger gute Absichten bei der Gründung einer Ehe und Familie als andere. Oft sind sie in ihren Aussagen sogar noch entschlossener. In ihnen hat sich aber wie in den Menschen, die bereits schlechte Erfahrungen aus einer ersten oder zweiten gescheiterten Ehe mitbringen, bei aller Liebe und guten Absicht ein Fragezeichen eingenistet, ein stiller Vorbehalt oder ein unaustilgbarer Rest an Vertrauensmangel – in den Partner wie in sich selbst.

Was vor der Eheschließung mit Blick auf die Ausgangslage gilt, wiederholt sich im Übrigen beim Scheitern und danach. Auch hier greift kein Controlling. Zumeist bleiben die Gründe für eine Trennung ein intimes Geheimnis des Paares, oder auch nur eines der beiden Partner. Würde man gemeinsam darüber reden, könnte es zu Kontroversen kommen, die Atmosphäre zusätzlich verschlechtern und die Kinder belasten, fürchtet man. Also gibt es nur selten ein ernsthaftes Bemühen der nun getrennten Partner, nüchtern zu analysieren, warum ihre Partnerschaft gescheitert ist. Eher ist das Reden darüber und die Trennung ein einseitiges Feuerwerk mit viel Qualm. Nur dass etwas zerbrochen ist, wird dabei sichtbar. Eine echte Klärung bleibt aus und damit auch die mögliche Hilfe zu verstehen, was geschehen ist.

Geht es immer um Liebe und Glück?

Gott sei Dank sind die Zeiten vorbei, in denen die Ehe vornehmlich eine Zweckgemeinschaft war. Lange haben »sachliche« Faktoren wie sozialer Status, Stand, Vermögensaspekte, Erwartungen oder Zwang seitens der Eltern und Familien, auch ungewollte Schwangerschaft eine Frau und einen Mann ein Leben lang aneinandergekettet. Heute sind Hochzeiten selbstverständlich Liebesheiraten. Der Tag der Hochzeit entsprechend ein sehr emotionaler Tag mit hohen

Erwartungen. Er wird akribisch geplant und mit Ritualen des Glücks gefüllt. Ausgerechnet durch diese dominant emotionale Grundlegung der Ehe erfährt die Liebe heute eine in der Geschichte so wohl niemals dagewesene Belastung. Die Liebe steht unter einem ungeheuren Druck: Alles hängt von ihr ab. Sie muss ohne Risse und möglichst mit der Stärke des Anfangs bestehen bleiben, oder die Ehe zerbricht. Stabilitätsfaktoren neben ihr fallen oft aus, jedenfalls nicht ins Gewicht. Kein Paar beispielsweise bleibt mehr zusammen, weil der »gesellschaftliche Stand« oder die Konvention das gebieten. Ob diese Belastung der Liebe ihrem Wesen entspricht, scheint fraglich. Alle Ehepaare erfahren die Herausforderung des Alltags, der abnutzenden Gewohnheit, der fremden Reize und Verheißungen. Sie erleben Rollenverschiebungen durch Kinder, Veränderungen durch die getrennte und einflussstarke Berufswelt, durch das eigene Älter- und Altwerden, Ernüchterungen ...

Ich werde die Liebe gewiss nicht kleinreden, zweifle nicht an ihrer Wichtigkeit. Aber weil sie so bedeutsam ist, sollte sie auch gut behandelt werden. Von ihr darf nicht mehr gefordert werden, als sie zum Glück zweier Menschen beitragen kann. Die Liebe bedarf nicht nur der Pflege, der Überprüfungen und regelmäßigen Anpassungen, also des so nüchternen wie partnerschaftlichen »Controllings«. Sie braucht auch die Entlastung. Weniger emotionale Faktoren in die Beziehung einzubinden, ins Eheleben bewusst zu integrieren, das kann der Liebe nur guttun.

Was früher oft zu sehr im Vordergrund stand, wird heute bei der Gründung einer Ehe erstaunlich oft ausgeblendet: Die Ehe ist nicht nur eine Liebesbeziehung. Sie sollte auch als eine soziale und ökonomische Zweckgemeinschaft verstanden werden. Sie ermöglicht zwei Menschen eine sichere wirtschaftliche Lebensgrundlage. Das fängt beim gemeinsamen Zuhause und Lebensort an, setzt sich bei der Einteilung der Aufgaben und gegenseitigen Versorgung in verschiedenen Bereichen bis zur geteilten Vorsorge für Krankheit und Alter mit Vorteilen für beide fort. Die Ehe garantiert dem Individuum die lebensnotwendige soziale Beziehung zumindest zu einem anderen Menschen, und damit die eigene soziale Wahrnehmung. Im günstigen Fall verknüpft sie zudem zwei Menschen, die eine Zahl auch gemeinsamer Interessen verbindet.

Wenn die eheliche Beziehung vielfältige Verknüpfungspunkte zwischen den Partnern aufweist, bleiben starke Verbindungspunkte auch in Phasen, in denen die Liebe etwas von ihrer Intensität einbüßt: das Zusammenleben mit einem vertrauten Menschen, ein gegenseitiger Halt, die Freude an gemeinsamen Interessen. Sie bilden den Kitt, der die Beziehung dann zusammenhält, wo reine Liebesbeziehungen bereits gerne scheitern. Selbstverständlich reicht das auf Dauer nicht aus. Aber dadurch werden vorschnelle Schlüsse vermieden. Es wird Zeit gewonnen, die das Paar dafür nutzen kann, sich der Frage zu stellen, wie sich ihre Liebe erneuern lässt und was konkret zu tun ist, um die emotionale Verbindung zu stärken. So ein »Arrangement« erscheint oft die bessere Alternative gegenüber dem, was bei einer Trennung zu erwarten ist. Auch birgt es durchaus die Chance des neuen Ineinanderverliebens – selbst nach längeren Zeiten emotionaler Nüchternheit.

Es geht nicht darum, Menschen aufzufordern, »die Hölle« auszuhalten. Es geht darum, neben den emotionalen Wechselläufen der Liebe ausreichend weitere Faktoren und Zwecke in den Blick zu bekommen, die es ermöglichen, in nicht idealen Phasen zusammenzubleiben und auch das Miteinander angenehm zu gestalten. Wer also die Liebe nicht als einzige Bedingung der Beziehung völlig überfordert, gibt sowohl der Partnerschaft als auch der Liebe mehr Möglichkeiten. Das ist vielen Ehepaaren wenig bewusst.

»Am größten ist die Liebe«, sagt der Apostel Paulus (1 Kor 13,13). Natürlich hat er Recht. Und viele Brautpaare wählen sich sein »Hohelied der Liebe« als Lesung für den Gottesdienst der Trauung. Aber der Apostel Paulus sagt ihnen nicht, dass es außer der Liebe *nichts* gäbe, was zu beachten wäre. In unserer Gesellschaft gibt es zu viele unbeachtete Menschen, die von den Erfahrungen zerbrochener Ehen und Familien in ihrer Biografie für immer verwundet sind. Gar nicht zu reden von den Folgen für die Kinder in diesen zerstörten Lebens- und Liebesbiotopen. Um der Liebe willen tut es deshalb not, sich mehr um den sozial-ökonomischen »Rahmen« und die »Zwecke« der Ehe zu kümmern, die für die beiden passen müssen wie die Liebe.

Und der Sex? – Schweigen!

Nein, die Sexualität wird heute nicht überbewertet. Sie wird unterbewertet. Die Liberalisierung des Themas und des Verhaltens hat bei den Einzelnen zu einer deutlich erhöhten Kenntnis über biologische und »technische« Aspekte des Sexuallebens geführt. Sie hat es bisher aber vielen nicht ermöglicht, Sexualität in der Partnerschaft in ihrer umfassenden Bedeutung zur Sprache zu bringen, so darüber zu reden und dann auch zu handeln, dass es der Liebe, der gegenseitigen Zuneigung, der Beziehung, auch der »Zweckgemeinschaft« daran, in all ihren Dimensionen guttut.

Noch in meiner Elterngeneration war das Wissen über Sexualität wegen fehlender wissenschaftlicher Erkenntnisse, aber vor allem aus einer falsch verstandenen Moralität heraus völlig unterentwickelt. Die Sprachlosigkeit darüber in der Erziehung der Kinder, in »anständigen Familien«

und in den Schulen gehörte zum genau definierten »guten Ton«. Vor allem Frauen wurden so von der Ehe und dem Eheleben regelrecht »überrumpelt«, »übermannt«. Oder der erste Mann, mit dem eine Frau, gewollt oder nicht, Geschlechtsverkehr hatte, schwängerte sie. Sie musste heiraten oder war für immer moralisch diskreditiert. Solche leidvolle Sprachlosigkeit zu überwinden war eine Notwendigkeit. Aufklärung gehört zum Menschen und befreit ihn.

Diese Aufklärung zur Sexualität ist aber auf halber Strecke stecken geblieben. Von einem ganzheitlichen Verständnis menschlicher Sexualität kann kaum die Rede sein. Deutlich machen kann ich das an dem, was Kindern und Jugendlichen von erwachsenen Menschen in den Schulen, Elternhäusern und Gruppen vermittelt wird. In den verschiedenen Jahrgangsstufen steht Sexualkunde immer wieder auf dem Lehrplan. Kinder und Jugendliche erfahren ihrem Alter mehr oder weniger angemessen Fakten über viele biologische Aspekte der Sexualität. Es geht um die möglichen geschlechtlichen Prägungen und Spielarten, um empfehlenswerte Schutzmaßnahmen vor Schwangerschaften und Krankheiten. Was sie aber bestenfalls am Rande erfahren, meistens gar nicht: dass die Sexualität jedes Kindes, Jugendlichen und Erwachsenen zentraler Bestandteil der Persönlichkeit ist. Sie ist nicht nur für die Biologie und die Funktionen des Körpers bedeutsam, sondern auch für den emotionalen »Haushalt« wesentlich. Es ist nicht zuletzt die Sexualität, die diesen nicht selten gründlich durcheinanderwirbelt. Verschwiegen wird, dass nicht nur ungewollte Schwangerschaften und Krankheiten schlechte Folgen von »ungeschütztem« Sex sein können, sondern auch emotionale Verletzungen, Erschütterungen der Persönlichkeit, der Beziehungs- und Liebesfähigkeit, des Grundvertrauens ins Leben. Den jungen Menschen wird gerne vorenthalten, dass sie nicht nur ihre Geschlechtsorgane, sondern auch ihre Seelen und Emotionen »schützen« müssen – und dass dabei kein Kondom hilft. Die Sprachlosigkeit der früheren Generationen ist nicht überwunden, sondern in das Extrem eines anderen Tabus gekippt, und die nächste Generation trägt die Folgen.

Der einseitigen pädagogischen und öffentlichen Einstufung der Sexualität als bloß biologisches, technisches, medizinisches Phänomen des Menschseins entspricht die Sprachlosigkeit über die ganzheitliche Bedeutung ihrer gemeinsamen Sexualität bei sehr vielen Paaren. Dass es nicht nur auf das Erreichen einer optimalen Befriedigung ankommt, ist ihnen häufig nicht bewusst, aber sie empfinden das Defizit. Eigentlich weiß und spürt doch jeder Mensch, wie sehr ihn Sex nicht nur mit den Sexualorganen und im Hormonhaushalt beschäftigt, sondern ihn auch in der »Seele«, in seinem Person-Sein prägt. Seine emotionalen Sehnsüchte, seine seelisch empfundene Zuneigung und Liebe zu einem anderen Menschen und sein Bedürfnis nach genau so einer Wahrnehmung seines Eigentlichen durch den anderen Menschen betrifft die Sexualität zentral. Gut gelebte Sexualität bringt all das körperlich-seelisch, ganzheitlich zum Ausdruck. Ich bin erschrocken darüber, wie sprachlos die meisten Paare über diesen zentralen Bereich ihrer jeweiligen Individualität und ihrer intimen Gemeinsamkeit sind.

Nicht selten führt gerade diese »unvollständige Aufklärung« und fehlende Aussprache zu tiefgehenden Verletzungen. Man fühlt sich an einem intim empfundenen Punkt missverstanden, vielleicht sogar in irgendeiner Weise auch »missbraucht«. Das schafft Distanz. Es fällt schwer, dem Partner hier zu verzeihen und einen neuen Versuch zu wagen. Oft führt die fehlende sexuelle Befriedigung auch zu sexuellen Ausbrüchen aus der Ehe. Das können kurze »Abenteuer« sein, aber auch ein langes Doppelleben, dauerhafte Beziehungen neben der Ehe, die dann meistens irgendwann zerbricht.

Dass Ängste, Höllenandrohungen, die Gefahr ungewollter Schwangerschaft, Prüderie die Freude am leiblichen Sex gründlich verderben können, haben viele in den vorherigen Generationen leidvoll erfahren. Nicht selten sind ihre Leben daran zerbrochen. Jungen Menschen heute in erwachsener Sprachlosigkeit vorzuenthalten, wie ihre Sexualität Körper *und* Seele prägt, wie ihr ganzheitliches Menschsein zu ihrer Sexualität und zu ihrem Sex gehört, um glücklich zu werden, ein gelingendes Leben und eine gute Ehe/Partnerschaft zu führen, ist sträflich. Darüber ist gesellschaftlich zu debattieren! Und die Bildungspolitik hat diese Herausforderung endlich anzunehmen!

Kluge Planung – fragwürdige Wirkung

Selbstverständlich wird in den Ehen die Zeit für den Nachwuchs geplant. Kinder kommen nicht mehr »zufällig«, sondern in einer zuvor bestimmten Phase. Das bedeutet meistens: Wenn Ausbildung oder Studium, Berufseinstieg und berufliche Etablierung der beiden Ehepartner, Wohnsituation und größere Anschaffungen bewältigt sind. Dann kommt die Zeit für den Nachwuchs. Gerade in bürgerlichen und auch katholischen Kreisen, in denen die Werte der Familie ansonsten verhältnismäßig hoch gehalten werden, fragen die Eltern kritisch nach. Sie mahnen ihre erwachsenen Kinder vor der Eheschließung und einer möglichen Schwangerschaft, dass sie in Ausbildung, Beruf und Etablierung bereits alle erstrebenswerten, in den Augen der Älteren notwendigen Schritte abgeschlossen haben. Bis dahin hat es noch Zeit mit den Enkeln. Die jungen Menschen sehen das oft genauso. Aber bei der Dauer der Ausbildung, der folgenden Praktika, Auslandsaufenthalte und befristeten Arbeitsverträge bedeutet das oft, dass das Kinderkriegen erst nach Jahren gemeinsamer Partnerschaft auf dem Plan steht.

Angesichts dieser zur allgemeinen Leitlinie, fast zur Ideologie gewordenen Praxis, stellt sich die Frage: Sollten Kinder nicht doch dann kommen, wenn die Liebe heiß ist, wenn sie die beiden Liebenden zu Neuem beflügelt und die Herausforderungen der Elternschaft mit junger Energie und einer guten Leichtigkeit angenommen werden? Natürlich hat es viele Vorteile für junge Paare, wenn sie von der Elternschaft nicht überrascht werden. Es ist nicht sinnlos, wenn sie bedenken können, wann es passt. Aber längst nicht jede Planung bedeutet, dass automatisch der richtige Zeitpunkt gewählt wird. Den kann Planung auch mit großer Zielgenauigkeit verpassen! Oft ziehen geplant Jahre ins Land. Dann kommen die Kinder zu einer Zeit, in der sie den Eltern weder biologisch noch psychisch noch nervlich gut passen. In der es eigentlich etwas ruhiger werden sollte im persönlichen Leben und nicht quirliger. Kinder bringen diese Elternleben dann zur Unzeit durcheinander. Das halten junge Leute in der Regel viel besser und unbekümmerter aus als die deutlich über 30- oder 40-Jährigen.

Relativ viele Paare erleben zudem leidvoll, dass die lange geplante und gewünschte Schwangerschaft sich nicht mehr einstellt. Dass nicht die Impulsivität der Liebe ihnen Kinder bringt, sondern bestenfalls medizinische Behandlungen und Techniken eine Schwangerschaft ermöglichen. Die sind oft mit extremen psychischen und körperlichen Belastungen verbunden, die ihre Wirkung auch auf die Beziehung haben.

Kinder sollten wahrscheinlich eher dann kommen, wenn die Liebe des Paares stark ist und sich diese Vitalität in einer Schwangerschaft artikuliert. Diese starke Liebe hält es dann auch aus, dass zu ihr und neben sie eine weitere kommt: die zum Kind. Nicht wenige Ehen, in denen ein Kind relativ spät kommt, zerbrechen an der Liebe, die das erste Kind nun von ihnen abzieht, an der Aufmerksamkeit, die es braucht und die ältere Eltern anders aufbringen als jüngere. Wenn die Beziehung schon etwas müde ist, entsteht eher Eifersucht auf das Kind, wird es wahrscheinlicher zu einem Konkurrenten zur Zweisamkeit. Zu einem Grund für das Ende der Ehe.

Junge Paare sagen sich mit ehrlicher Überzeugung vor der Trauung, dass ihre Liebe, ihre Ehe und ihr gemeinsamer Wunsch nach einer Familie ihnen das Wichtigste auf der Welt sind. Nach der Hochzeit wird oft mit innerer Selbstverständlichkeit und unter äußeren Einflüssen anderes wichtiger. Dass dieses andere, dass beruflicher Erfolg und bürgerliche Sicherheiten nicht unwichtig sind, stimmt ja. Aber was ist das Wichtigste? Sind die Prioritätensetzung und deren Konsequenzen in den Planungen wirklich gut bedacht? Die Zeit für das Kinderkriegen zu verschieben ist möglich. Oft verschiebt sich aber damit sehr viel mehr – und kommt nicht selten unversehens zu spät. Da gibt die Gesellschaft Wichtigkeiten und Anforderungen vor, die vielen Paaren zu einer Tragik wird.

Die Ehe hält nicht alles aus

Paare, die sich vor ihrer Eheschließung geprüft haben und voll Liebe das gemeinsame Leben führen, werden verschiedensten Anforderungen von außen ausgesetzt. Vor allem aus der Berufswelt. Bedeutete die Ehe- und Familiengründung früher meistens, einen festen Ort für das ganze Leben zu finden, ein Haus und ein Zuhause, auf jeden Fall die »Wanderschaft« der Jugend- und Berufsausbildungsjahre zu beenden, führen Beruf und Karriere heute häufiger zu Ortswechseln, Auslandsaufenthalten, Wochenendbeziehungen, zu einem modernen Nomadismus.

Problematisch ist daran für Ehe und Familie die häufig vorausgesetzte Selbstverständlichkeit, mit der sie den beruflichen Anforderungen zu folgen haben, ihnen also vorgeordnet werden. Diese Ortswechsel samt der nahezu Totalinanspruchnahme im Beruf stellen für Ehe und Familie eine außerordentliche Belastung dar, an denen sie häufig zerbrechen. Wem daran die Schuld zu geben ist, muss im Einzelfall genau betrachtet werden: In Frage kommen sowohl die globalisierte Wirtschaft und ihre internationale Standort- und Geschäftsverflechtung, der auf Privates wenig Rücksicht nehmende Arbeitgeber, als auch die Karriereplanungen der Beschäftigten und die ehrgeizigen Expansionswünsche der Selbstständigen. Dass Zwänge dabei allseits eine große Rolle spielen, will ich nicht in Frage stellen. Aber nicht alles ist alternativlos.

Zum Gelingen von Partnerschaft, Ehe und Familie gehört auch, gemeinsam zu bedenken, was die persönlichen Prioritäten sind. Es ist wichtig, danach zu fragen, was dem anderen und der kleinen Gemeinschaft zuzumuten ist. Wo sind gemeinsam die Grenzen zu ziehen für Anforderungen und Belastungen von außen? Diese Fragen sind jedenfalls rechtzeitig zu klären, bevor die Beteiligten von außen überrollt werden.

Auch wenn über Jahre gesehen die Zahl der Trauungen zurückgegangen ist, offenbaren viele Paare, die mit ungelösten Problemen kommen und Rat suchen, eine erschreckende Naivität für das praktische Gelingen ihrer Ehe. Sie haben sich fast alle lange geprüft – und sind überrascht, dass der Partner, anders als in seinen Studienjahren gesagt, nun doch eine Karriereleiter aufsteigen will, die für Ehe und Familie kaum noch Zeit lässt. Sie sind darüber verwundert, dass sich zumindest einer der beiden entwickelt hat, neue Ziele ins Auge gefasst hat, dass sich Prioritäten langsam verschoben haben. Sie sind erschrocken, dass die Selbstverständlichkeiten in Arbeitswelt und Gesellschaft auch auf sie übergreifen.

Das heißt: Den Ehepartnern ist sehr häufig nicht bewusst, dass der Status quo ihrer Beziehung, den sie erprobt haben und den sie als tragenden Boden für den Schritt in die Ehe begreifen, nicht so bleiben wird. Ihnen fehlt die Wahrnehmung für die rasanten Veränderungsprozesse, in denen sie sich als Individuen und als Gemeinschaft befinden. Sie müssen verstehen, dass auch ihre Liebe zueinander Entwicklungen durchmacht, die das, was sie als Fundament ihrer Ehe fest voraussetzten, umgestalten kann und in Frage stellt. Es mag mit den Multitasking-Anforderungen in der Gesellschaft zusammenhängen: In den Berufen wird *flexible response* immer mehr zu einer Grundbedingung täglicher Arbeitsleistung. Das bedeutet häufigen Stress. Die private Partnerschaft soll demgegenüber der stabile Pol sein: Die Liebe ist ja gefunden und in der Eheschließung bestätigt. Dass aber schon die äußeren wechselnden Anforderungen auch selbstverständlich den Menschen verändern, der auf sie eingeht, dass nicht ein sehr großer Teil des Lebens, der Beruf und die Lebensorte, sich verändern kann, ohne dass der andere Teil, das Privatleben, im selben Menschen massiv davon berührt würde, ist zwar logisch, aber nur wenigen klar.

»Wir haben doch immer gesagt, dass wir in unserer Ehe …«, sagt dann die Frau im Beratungsgespräch. Der Mann antwortet: »Das war vor fünf Jahren, seitdem hat sich viel verändert. Ich habe neue Ziele. Das musst du doch mitbekommen haben.« Es gibt aber Sätze aus der Anfangszeit der Beziehung, die sich ins emotionale Gedächtnis mit dem Siegel dauerhafter Gültigkeit eingebrannt haben. Dass alle diese einmal ausgesprochenen wie auch die nicht gesagten Voraussetzungen und die inneren Prozesse immer wieder auf den Prüfstand gehören, weil die Umstände und die Menschen sich verändern, gilt vielen schon als Krisenbeweis einer Ehe. Das Gegenteil ist der Fall: Die Beziehung selbst regelmäßig zum Thema machen, wäre der Weg, den Krisen vorzubeugen und sie zu meistern.

Unter den herrschenden gesellschaftlichen Rahmenbedingungen ist sicher nicht allen Menschen unbedingt zur Ehe zu raten. Für die Gruppe der »modernen Performer« in den deutschen Milieus zum Beispiel dürfte das Modell einer lebenslang stabilen Partnerschaft nicht direkt passen. Viele von ihnen haben verlernt oder nie gelernt, mit Rücksichten auf andere zu leben und im Privaten von eigenen Ansprüchen Abstriche zu machen. Aber für alle gilt: Die gesellschaftliche Situation kultiviert und provoziert die Überforderung der »Ehe«, sei sie nun rechtlich und kirchlich besiegelt oder nicht. Sie macht genau das Gegenteil zum »Schutz von Ehe und Familie«!

Kurz:

Das wichtigste Subsystem von Staat und Gesellschaft, Ehe und Partnerschaft, befindet sich in der Krise. Es zeigt sich ein tiefgehender Setzriss in der gesellschaftlichen Architektur. Er hat weitreichende Folgen und existenzielle Bedeutung. Obwohl für jeden sichtbar, wird nicht darüber gesprochen: ein tragisches Tabu.

Partnerschaft, Ehe und Familie werden von außen und von innen überfordert. Die Arbeitsgesellschaft mit den Bedingungen der Flexibilität und Mobilität ordnet die persönlichen Beziehungen ihren Ansprüchen unter. Die gesellschaftliche Sicht blendet die Folgen von gescheiterten Partnerschaften aus. Von innen her gefährdet die einseitig emotionale Begründung der Ehe auf die Liebe das Gelingen der Beziehung.

Sprachlosigkeit und mangelnder Austausch kennzeichnen viele Problembereiche in Partnerschaft und Ehe: über Prozesse im Einzelnen, in der Beziehung und in deren Umfeld, über die Bedeutung einer ganzheitlichen Sexualität, über Zuverlässigkeit und Vertrauen auch bei verminderter emotionaler Zuneigung.

Das Subsystem Ehe und Familie zu stärken, damit es in den Krisen und Unsicherheiten der Makrosysteme nachhaltig bestehen kann, ist eine der wichtigsten Aufgaben in ihrer Umgebung: Sprachfähigkeit fördern, Prioritäten setzen, die Liebe entlasten, damit sie bleiben kann.

Was tun? Controlling und Begleitung.

Hilfreich für Ehe und Partnerschaften, wenn nicht notwendig, ist eine regelmäßige Überprüfung ihrer Situation. Es geht dabei darum, mögliche Sprachlosigkeit zu überwinden, ein Verstehen zu vertiefen und frühzeitige Interventionen zu entwickeln. Das Ergebnis eines solchen Controllings reicht von wohltuender Bestärkung bis zur frühzeitigen Krisenprävention.

Ich treffe mich gelegentlich mit Paaren, die ich getraut habe, ein Jahr später wieder und mache mit ihnen ein solches Controlling. Sie setzen sich in verschiedene Räume und erhalten jeder ein Blatt Papier. Darauf steht:

»Schreibe bitte:
- fünf Dinge, die mir an meinem Partner gefallen,
- fünf, die mir nicht gefallen,
- fünf, von denen ich vermute, dass sie meinem Partner an mir gefallen, und
- fünf, die ihm an mir nicht gefallen.«

Sie füllen das aus und erhalten ein zweites Blatt mit der Aufforderung, die fünf wichtigsten Zielsetzungen in einer Rangfolge aufzuschreiben.

Das dritte Blatt – da wird es dann noch spannender – ist eine Folie mit den Kalendermonaten und Tagen des Jahres seit der Trauung darauf. Die beiden waren gebeten worden, ihre persönlichen Kalender mitzubringen. Nun sollen sie die Höhen und Tiefen des Jahres für sich in einer Linie durch das Jahr eintragen, dann in einer zweiten Linie die vermuteten Höhen und Tiefen für den Partner. Die beiden Folien werden später übereinandergelegt.

Wenn das Paar sich nach dem Ausfüllen in einem Raum trifft und Blätter und Folien gemeinsam auswertet, hat es immer viel Gesprächsstoff. Es braucht fast keine dritte Person dabei. Selten stimmen ihre Eintragungen überein. Aber auch das ist es wert herauszufinden. Genauso wie das, was die unterschiedlichen Einschätzungen ausmacht. Und überrascht von sich selbst gehen die Paare dem gerne nach.

Ich lege dem Paar bei solchen Gesprächen noch einmal nahe, worauf ich es auch schon vor der Trauung hingewiesen habe: dass es feste Termine braucht, um ihre Beziehung einer gemeinsamen Überprüfung zu unterziehen. Das klingt, als stünde ich wie ein Bürokrat vor dem Unternehmen der Liebe und wollte sie einem sturen Kontrollmechanismus unterwerfen. Was ich aber möchte und was diese Gespräche auch meistens erreichen, ist, die Sprachlosigkeit über viele Bereiche in Partnerschaft und Ehe und in ihrem unmittelbaren Umfeld überwinden zu helfen. Die Partner werden sprachfähig gemacht. Sie verstehen in diesem »Controlling«: Ihre Liebe ist kein Selbstläufer. Manche Paare, denen ich dieses Treffen ankündige, wundern sich darüber, halten es für eine spleenige Idee. Aber viele nehmen sich nach dem ersten beispielhaften Treffen selbst die Folgetermine vor, tragen sie fest in ihre Kalender ein und machen damit gute

Erfahrungen. Natürlich können sie sich jederzeit wieder bei mir oder einer Person ihrer Wahl melden und um Begleitung bitten. Und sie wissen: Wenn der Stress im Beruf oder die Sorge um das Kind die vereinbarten Termine verhindern, ist das ein Alarmsignal.

In Bad Godesberg haben wir in Kooperation von Kirchengemeinde, Bürgerstiftung Rheinviertel und Sozialdienst Katholischer Frauen sowie in Zusammenarbeit mit kompetenten Fachleuten drei Familienzentren organisiert. Die Idee dahinter lautet: Paaren und Familien die Unterstützung anbieten, die ihr gesellschaftliches Umfeld leisten kann (und muss!), damit ihr persönlicher Lebensentwurf gelingt. Sie sollen dabei nicht allein gelassen sein. Die Zentren bieten Beratung in Partnerschafts- und Erziehungsfragen an, Intervention in Krisen, helfen Paaren und Familien in sozialen Notlagen. Sie veranstalten in den verschiedenen Stadtvierteln Fortbildungen für Paare und Eltern zu sie betreffenden Themen – alles in ihrer Nähe. Außerdem gibt es Männergruppen, »Vätertreff«, ein »Ehe-Rendezvous«, Angebote für Kinder und ganze Familien, Familientherapie und die Vermittlung von in den Zentren qualifizierten ehrenamtlichen Babysittern. Die Familienzentren richten sich an alle Interessierten, unabhängig von Weltanschauung, Herkunft und Konfession. Die Hilfen in Krisensituation können auch anonym geleistet werden und sind kostenlos. Die Familienzentren sind zu einem Netzwerk für Paare, Familien und Kinder geworden. Ehe-»Controlling« ist auch hier möglich, miteinander sprechen ergibt sich nahezu von selbst.

Controlling – wie das gehen kann, wie es vom Paar dann selbst in regelmäßigen Abständen durchgeführt werden kann, wie mit den dabei erkannten Unterschieden und Verschiebungen umzugehen ist – müssten verschiedene Institutionen und Organisationen anbieten. Es sollte zum

Standard werden wie der TÜV beim Auto. Die glückliche Ehe ist kein Automatismus: Die Konsequenz daraus haben nicht nur die Paare zu ziehen, sondern auch ihre Umgebung. Sie sich selbst zu überlassen, ist unterlassene Hilfeleistung. Und erst in den ganz schweren Krisen Unterstützung anzubieten, ist viel zu spät und läuft dann doch sehr oft auf die teure Hilfe des Scheidungsanwalts hinaus.

Prioritäten setzen – Verantwortung annehmen

»Das Wichtigste im Leben ist unsere Liebe«, beteuern junge Paare zu ihrer Hochzeit. Sie meinen damit ihre Beziehung, die Ehe und die neue Familie. Sie meinen es ehrlich, um dann häufig, wie beschrieben, den Wichtigkeiten der Berufswelt und anderem den obersten Rang einzuräumen.

Das erscheint den meisten als Selbstverständlichkeit. In der Regel kommen die eigenen Ambitionen den von außen gestellten Anforderungen entgegen. Wenn Ehe und Familie gelingen sollen, müssen die Partner wirklich Prioritäten setzen. Das heißt: den eigenen Freiraum zur Selbstbestimmung ausloten und nutzen. Die emotional geleitete Aussage über die Liebe als das Wichtigste muss also aus dem Bereich des reinen Gefühls zum harten Faktor in der eigenen Lebens- und Karriereplanung werden. Auch dann bleiben noch äußere und berufliche Pflichten und Zwänge genug. Aber es ist nicht wahr, dass jeder Ortswechsel, Auslandsaufenthalt, jede zusätzliche Aufgabe, Verantwortung und zeitliche Inanspruchnahme zu jeder Zeit sein muss. Man kann »Nein« sagen, sich entscheiden. Jede Beziehung braucht, um bestehen zu können, solche Entscheidungen zu ihren Gunsten. Nicht nur die eine zur Begründung einer Ehe, sondern immer wieder. Und die Kinder dieser Ehe brauchen sie ebenfalls.

Für Paare und Familien besteht oft mehr Freiraum für individuelle Entscheidungen über die Priorität in ihrem Leben, als viele denken. Eines der ersten Paare, das ich vor Jahren kirchlich getraut habe, hatte eine gute Entwicklung genommen. Sie hatten Kinder, waren beruflich sehr engagiert und erfolgreich. Er als selbstständiger Geschäftsmann mit immer mehr Filialen. Sie in der Managementberatung schließlich für den Vorstand eines global agierenden Unternehmens. Jedes Jahr machten sie ihr Ehe-Controlling. Alles schien zu stimmen. Doch das letzte Gespräch brachte überraschend zutage: Sie waren im Begriff, sich zu verlieren. Eine bittere Erkenntnis für beide. Also fassten sie – tränenreich – Entschlüsse und setzten sie um. Ihr persönliches Rettungspaket: Er veräußerte einen größeren Teil seiner Geschäftsfilialen. Sie kündigte ihre Managementberatung für das Unternehmen und gab stattdessen Kurse an einer Volkshochschule in einem fest definierten Zeitbudget. Die Operation ist gelungen. Die beiden haben ihre Ehe gerettet und ihre Liebe neu entdeckt. Sie haben sich das Kostbare etwas kosten lassen und etwas sehr Großes gewonnen. Für sie hat sich bestätigt, dass ihnen eines das Wichtigste ist: ihre Ehe.

Ich will die Zwänge der Berufswelt nicht kleinreden, sondern Mut machen, für sich nüchtern festzulegen, was im eigenen Leben das Wichtigste ist, und den jeweils gegebenen Freiraum zur Selbstbestimmung wirklich wahrzunehmen. Natürlich kann nicht jeder Geschäfte verkaufen oder den Job kündigen. Ich bin aber überzeugt, dass viele Selbstverständlichkeiten keine sind. Es gibt auch gute Kompromisse und das Recht auf die Entscheidung für die eigene Lebenspriorität. Die zu erkennen und zu bestimmen, ist eine Pflicht gegenüber dem Partner und den Kindern.

Der Ball liegt also zunächst bei den Paaren und Individuen, die sich darüber verständigen müssen, was sie ihrer

Ehe und Familie zumuten können und wollen, und was nicht. Aber sie spielen nicht alleine. Ihre Umgebung, Familie und Freunde, soziales Umfeld und Arbeitgeber. WIR können den Entscheidungen der Paare für das Wichtigste in ihrem Leben mehr Achtung, Unterstützung und Hilfen entgegenbringen. Menschen im Umfeld des Paares können es unterstützen, ihre Beziehung im Blick zu haben und ihr Priorität einzuräumen. Das meint beispielsweise, nicht auf dem Vorrang von Ausbildungen und Karrieren zu pochen, sondern das Wohlergehen des Paares in den Mittelpunkt zu stellen. Kirchen und andere Einrichtungen im Lebensraum von Paaren und Familien sollten Räume bieten, in denen gegenseitige Wahrnehmung thematisiert, gelernt und eingeübt wird. Das ist eine konkret zu leistende, umsetzbare Aufgabe.

Der »Schutz von Ehe und Familie« darf keine Leerformel sein. Nicht nur der Staat, auch die Wirtschaft ist hier in der Pflicht. Was werden Unternehmer und Personalvorstände von Konzernen antworten, wenn sie nach ihrer Pflicht gefragt werden, den »Schutz von Ehe und Familie« mit zu gewährleisten? Vielen wird da zuerst die Regelung zur Elternzeit und die betriebseigene Kindertagesstätte einfallen. Da können Eltern ihre Kinder morgens um 7 rasch abliefern, um dann ganz für das Unternehmen da zu sein. Wessen Vorteil ist das eigentlich? Und was gibt es darüber hinaus als Förderung für die Familien, vielleicht auch nur für Ehepaare? Einen freien Tag pro Halbjahr als Zeit für ein Controlling? Arbeitsfrei, wenn es Probleme in der Ehe gibt? Bewusst weniger Stress und Belastung aus Rücksicht auf die privaten Bindungen und Verpflichtungen des Mitarbeiters?

Die Vermeidung von Wunden und Traumata durch gescheiterte Beziehungen und zerbrochene Familien, also die Förderung von stabilen, tragenden Lebensverhältnissen,

Balance und Glück sind nicht nur individuell von Belang, sondern auch sozial, ökonomisch und gesellschaftlich elementar. Sie müssen im Interesse aller sein und rechnen sich – bis in die nächsten Generationen.

Forderungen:

1. »Schutz von Ehe und Familie« ist nicht nur eine staatliche Aufgabe, sondern auch eine grundsätzliche gesellschaftliche Pflicht. WIR müssen ihr nachkommen!

2. Kirchen, Verbände, Organisationen, die ganze Gesellschaft, WIR, müssen ehrlich hinsehen und Angebote entwickeln, die eine hilfreiche Begleitung von Paaren, Ehen und Familien ermöglichen!

3. Paare sollten in allem ihrer Beziehung den Vorrang einräumen, damit sie gelingen kann. WIR müssen Lebensumstände schaffen, in denen partnerschaftliches Leben möglich bleibt!

2. KAPITEL

ALLES GEBEN, WAS WIR HABEN
Die Investitionen in die nächste Generation

In Bad Godesberg trage ich gemeinsam mit einem Team von Mitarbeiter/innen die Verantwortung für dreizehn kirchliche Einrichtungen für Kleinkinder, also Kindertagesstätten. Wenn ich diese Häuser besuche, treffe ich auf die Kleinsten ab vier Monaten, bis zu den Größeren, die vor der Einschulung stehen. Das sind mehr als 700 noch kleine Menschen.

Wir haben hier im Laufe der Jahre viel investiert. Alle Einrichtungen außen und innen, baulich und inhaltlich saniert, die Räume modernen Standards angepasst und alle Häuser für die Ermöglichung eines U3-Angebots erweitert. Wir haben das pädagogische Angebot unter den Einrichtungen aufgefächert: Jetzt gibt es etwa einen Kindergarten mit einem musischen Schwerpunkt, einen mit Inklusionsansatz, einen künstlerisch-kreativen, einen bilingualen (Deutsch-Englisch), einen interkulturellen mit Integration und Sprachförderung. Erkennbar richtet sich das Angebot nach dem Bedarf der Kinder und der Nachfrage der Familien im gesamten Wohngebiet. Eltern können entscheiden, ob sie ihr Kind möglichst nah in eine Einrichtung geben oder in die mit dem besonderen Schwerpunkt, der zu ihrem Kind passt und es speziell fördert. 130 pädagogische Fachkräfte betreuen die Kinder kompetent.

Das ist ein großes Netzwerk für die Kleinen. Der Verbund der Einrichtungen – aus den dreizehn kirchengemeindlichen und einer weiteren kirchlichen – ermöglicht die Spezialisierungen, auch besondere Förderungen und Dienste für Kinder und Familien. Das könnte ein einzelner Kindergarten in einem Stadtviertel nicht leisten. Insgesamt ist unser Augenmerk in Pädagogik und Seelsorge besonders aufmerksam für die Kleinen. Könnte es bessere Investitionen geben als in die nächste Generation?

Die Illusion von der heilen Welt

Meine Besuche in unseren Einrichtungen für Kinder sind zumeist angenehmer als in Krankenhäusern, Hospizen oder Flüchtlingsheimen mit ihren eigenen Sorgen. Wir haben einen mehrseitigen Flyer für die Eltern drucken lassen mit ersten Informationen zum gefächerten Angebot und mit vielen Fotos. Darauf sind lachende, spielende, singende, malende und bastelnde Kinder zu sehen. Es geht ihnen gut. Die Kinder sind vergnügt und in der Kinderwelt der Einrichtungen bestens aufgehoben. Das sind typische Bilder. Natürlich weinen die Kleinen auch mal, oder sie schmollen einige Zeit oder wollen trotzig partout jetzt nicht das machen, was die anderen möchten und was für die Gruppe ansteht. Aber insgesamt: Größere alltägliche Fröhlichkeit als in den Kindertagesstätten ist in Bad Godesberg nicht anzutreffen. Die Fotos auf dem Flyer zeigen das wahre Leben.
Vermutlich haben die allermeisten erwachsenen Menschen solche Bilder im Kopf, wenn sie an Kindergärten denken. Bilder einer heilen Welt. Die Kinder sollen erst deutlich später mit dem Ernst, den Zumutungen, den Brüchen und der Trauer im Leben konfrontiert werden.
So echt die Bilder sind, so sehr täuschen sie aber zugleich über Realitäten hinweg.
In den letzten etwa 15 Jahren haben sich die Bedingungen in den pädagogischen Einrichtungen, der Auftrag im Umgang mit den Kindern, auch die Erwartungen an frühzeitige und spezielle Förderungen sowie Inklusion radikal gewandelt. Im Westen Deutschlands, in der alten Bundes-

republik, begann die pädagogische Verantwortung Dritter (nicht der Eltern) in Kindergärten und -tagesstätten in aller Regel erst für Kinder ab drei Jahren. Kinderkrippen für jüngere waren die Ausnahme. Als ich vor vierzehn Jahren als Pfarrer in Bad Godesberg auch die Verantwortung für kirchliche Kindergärten übernahm, war das hier noch so. In der DDR, aber z. B. auch in Frankreich und in den skandinavischen Ländern, hatte man viel früher damit begonnen, Unter-Drei-Jährige in den regulären Einrichtungen aufzunehmen und zu betreuen. Ausdrücklich: Diese Kinder sind nicht automatisch schlechter gestellt, entwickeln sich nicht sowieso mit Nachteilen gegenüber den Kindern, die erst mit drei Jahren aus der Familie zeitweise in eine professionelle Kinderbetreuung wechseln. Es geht mir hier nicht darum, den oft sehr ideologisch geführten Grabenkampf »Familienhoheit oder staatliche Hoheit in der Erziehung« mit den altbekannten Argumenten fortzuführen. Es geht mir aber darum, auf die Folgen hinzuweisen, die eine so schnelle Umstellung nach sich zieht, und welche begleitenden Maßnahmen eigentlich parallel erforderlich wären. Immer noch treiben Wirtschaft, Gesellschaft und Politik auf dem Gebiet der Frühpädagogik gravierende Veränderungen voran – mit dem Rechtsanspruch auf Ganztagsbetreuung für Kleinkinder, mit der Einrichtung von Schulhorten oder Offenen Ganztagsgrundschulen –, ohne die Konsequenzen ausreichend zu bedenken. Denn das erforderte angemessene Begleitmaßnahmen der Veränderungen, die ein radikales Umdenken bedingen und sehr viel Geld kosten. Dieser Selbstbetrug, der aber vor allem ein Betrug an den Kindern ist, hat massive negative Folgen. Für die Schwächsten.

Familienersetzende Erziehung

Die Veränderung von der Pädagogik mit Kindern ab drei Jahren zur Betreuung ab vier Monaten meint mehr als nur irgendeine Verschiebung im Alter der Kinder. Diese Veränderung kommt einer stillen Kulturrevolution gleich. Sie hat das Selbstverständnis und die Rollen von Eltern und Pädagogen völlig verändert – und sie gestaltet, nahezu unbemerkt, die Gesellschaft weitreichend um. Diesen Prozess im Subsystem Erziehung und Bildung und seine Folgen möchte ich ins Bewusstsein heben. Es geht um viel:

Kindergärten und -tagesstätten waren vorher pädagogische Einrichtungen, in denen den Kindern spielerisch Gruppenverhalten, soziale Beziehungen über die Familie hinaus und Vorschulwissen vermittelt wurde. Erzieherinnen und Erzieher waren speziell ausgebildete Pädagogen für die Altersphase von drei bis sechs. Die Umstellung hat sie unter anderem zu Pfleger/innen von Kleinkindern gemacht. Windeln wechseln, Körperhygiene, Füttern gehören nun zu ihren Pflichten. Darauf waren und sind sie nicht vorbereitet. Die unausgesprochene Erwartung an sie ist, dass sie diese Aufgaben intuitiv bestens erledigen. Viele können das auch. Trotzdem sollten zumindest der Unterschied und die Zumutung registriert und gewürdigt werden, wenn Pädagogen zu »Pflegekräften« gemacht werden.

Einige werden an diesem Punkt einwenden, niemand könne heute erwarten, im Beruf lebenslang nur das zu tun, was in der Ausbildung vermittelt wurde: Anpassungen und neues Lernen sind zumutbar. Aber wenn mit »Anpassungen« eine grundsätzlich andere Ausrichtung des Berufes einhergeht? Wenn Betriebswirte plötzlich auch Ingenieure für die technischen Anlagen sein sollen? Oder Pädagoginnen auch Profi-Mütter vieler Kleinstkinder? Das ist nicht so selbstverständlich oder nah beieinander, wie unterstellt wird.

Das ist natürlich nicht die einzige und nicht die größte grundlegende Veränderung. Der bedeutendste Unterschied liegt in der Umprägung, die die Beziehung zwischen Mitarbeiter/in und Kind erfährt. Kommt ein Dreijähriges in die Einrichtung, sind die Beziehungen in der Familie über drei Jahre gewachsen und für das Kind geklärt, im positiven Fall stabil. Die erste Bezugsperson für das Kind ist die Mutter, der Vater oder eben die Person, die sich am meisten von Geburt an um das Kind gekümmert hat. Kommt es mit drei Jahren in eine pädagogische Einrichtung, ist die pädagogische Fachkraft dort in der Gruppe eine wenn auch wichtige, aber doch nur eine weitere Bezugsperson neben anderen. Sie steht vor allem neben bzw. hinter der für das Kind vorrangigen oder ersten Beziehung, in der Regel zu den Eltern.

Bei einem vier Monate alten Kind ist das völlig anders. Bei ihm wird die zentrale Bezugsperson – zumeist die Mutter – ersetzt durch den Pädagogen in der Kindertagesstätte. Der eine tritt an die Stelle der anderen. Die weit überwiegende Zeit, in der das Kind wach ist und Beziehung wahrnimmt, verbringt es mit der/dem Erzieher/in, oft 45 Wochenstunden. Die/der Erzieher/in pflegt es, füttert es, legt es zum Schlafen. Die wenigen wachen Stunden des Kindes außerhalb der Arbeitszeit der Eltern in deren Zuhause treten weit dahinter zurück. Die Beziehung einer Erzieherin als Pädagogin zu einem Dreijährigen hat also eine ganz andere Qualität als die einer »Ersatzmutter« zu einem vier Monate alten Kind. Zudem wird sie das Kind vom vierten Lebensmonat an bis zum sechsten Lebensjahr eng begleiten. Das bedeutet in der gesamten Zeit, auch ab dem dritten Jahr, eine andere Qualität durch die Nachhaltigkeit der Beziehung.

Darauf sind die Erzieherinnen und Erzieher in ihrer Ausbildung schon gar nicht vorbereitet worden. Das heißt bestimmt nicht, dass sie diese Aufgabe allgemein schlecht bewältigen. Das heißt aber, dass an sie Anforderungen gestellt werden, die sie nicht als ihren Beruf gewählt haben. Halbjährige erfordern einen völlig anderen Umgang als Drei- und Sechsjährige. Die Mitarbeiter/innen der Kindertagesstätten sind jetzt Erst-Beziehungspersonen von mehreren Kleinstkindern. Sie müssen zu jedem Kind eine entsprechend starke Bindung aufbauen. So wenig, wie eine Mutter eine private Kindergärtnerin für ihr Kind ist, so wenig ist eine Kindergärtnerin, vom lange Zeit bestimmenden Profil ihres Berufes her, Mutter der ihr beruflich anvertrauten Kinder, der Erzieher in der Kindertagesstätte nicht Vater (und Mutter). Selbstverständlich geht eine Mutter mit ihrem Kind – wie eine Kindergärtnerin – auch mal zum Spielplatz. Selbstverständlich trocknet die Kindergärtnerin auch bei Kindern ab drei Jahren Tränen und tröstet sie – wie eine Mutter. Der Unterschied liegt, das dürfte deutlich sein, in der auf mehrere Jahre angelegten Beziehung. Er macht – trotz Überschneidungen – den zwischen Pädagogin oder Pädagoge zur Mutter- bzw. Vaterrolle aus. Der Rollenwechsel ist grundsätzlicher Art.

Überforderte Pädagogen

Was dieser Wechsel in Verantwortung und Aufgaben für Erzieherinnen und Erzieher bedeutet, die überwiegend im herkömmlichen Berufsprofil ausgebildet sind, kann vielleicht mit der massiven Gewichtsverlagerung im Verhältnis zwischen der Vermittlung von Lerninhalten und der Anforderung von emotionaler Bindung verdeutlicht werden. Überschneidungen gab es schon immer, wenn zum Beispiel von Schülern zwischen beliebten und unbeliebten, guten und schlechten Lehrern unterschieden wurde. Aber auch ein von Schülern nicht als »liebenswert« empfundener Lehrer kann in der Sache, der Bildung, seinem Auftrag, der Vermittlung von Lerninhalten, gerecht werden. Es gehört sogar zu seinem recht verstandenen Berufsbild, sich nicht zum Vater der Kinder im Grundschulalter aufzuspielen. Entsprechend darf eine Lehrerin nicht die Mutter ihrer Schüler sein wollen. Distanz und Intimität in den persönlichen Beziehungen bedürfen in ihrer Gewichtung genauer Abwägung. Das war auch bei Kindergartenpädagogen so. Die neue Rolle ebnet diese Unterscheidung und Abwägung fast vollständig ein. Sie erfordert andere Haltungen, um auf jedes Kind mit seinen Bedürfnissen als seine Bezugsperson eingehen zu können.

Trotz dieser geänderten Berufsanforderung – und das ist kaum zu verstehen – besteht in Deutschland weitgehend keine gesetzliche Verpflichtung für Erzieherinnen und Erzieher in der Vorschulpädagogik, sich für solche Herausforderungen weiterzubilden. Das geschieht nur auf freiwilliger Basis. Die Träger der Einrichtungen können ihre Mitarbeiter/innen dazu auffordern oder entsprechende Weiterbildungsmaßnahmen in Arbeitsverträgen festschreiben. Sie können sie aber auch beschränken oder ignorieren.

Die Schnelligkeit der Veränderung in der Kleinkinderbetreuung ist den Anforderungen aus der Wirtschaft, dann den Forderungen der beschäftigten Eltern, also der Gesellschaft, und der darauf reagierenden Politik geschuldet – mit großen Konzessionen an die Machbarkeit unter den gegebenen Beschränkungen. Die Folge ist: Die Sicherung der Qualitätsstandards hinkt der Schnelligkeit der Veränderungen weit hinterher. Überall werden immer mehr U3-Kindertagesstätten eingerichtet, weil die Nachfrage groß ist. Politik und Kommunen müssen dem bundesweit festgeschriebenen Rechtsanspruch gerecht werden. Wie allerdings die vielen Einrichtungen personell ausreichend und qualitativ gut besetzt werden können, weiß niemand. Trotzdem bauen die Kommunen und privaten Träger eifrig weiter.

Im Vergleich zur Situation vor vierzehn Jahren, als ich die Verantwortung für Kindertageseinrichtungen übernahm, stehe ich heute vor einer völlig anderen Lage: Damals meldeten sich auf eine ausgeschriebene Stelle bis zu 40 Bewerber/innen, die/der Beste wurde eingestellt. Heute meldet sich fast niemand. Grob gesagt bedeutet das: Wir nehmen, was wir kriegen können. Den anderen Trägern zumindest in kinderreichen Regionen ergeht es genauso. Daraus ergibt sich die Notwendigkeit für eine umfängliche Weiterbildung der Mitarbeiter. Die Träger stehen in der Pflicht, oft ohne zu wissen, wie sie ihr nachkommen können.

In den Einrichtungen fehlt also Fachpersonal. Die Erzieher/innen werden nicht nur anders und mehr gefordert als Pädagogik- *und* Beziehungspersonen, sie werden systematisch überfordert. Dafür bekommen sie ein Gehalt, das erbärmlich ist. Keiner der Manager, die ihr Baby morgens um sieben bei der Konzernkindertagesstätte abgeben und abends um sechs abholen, würde für dieses Geld 15 bis 20 Kinder betreuen, pflegen, waschen, füttern, erziehen, bilden und sich noch dutzendweise als »Papa« ansprechen lassen wollen. Wertschätzung für den Beruf, Kinder in ein gelingendes Leben zu begleiten und darauf vorzubereiten, sieht anders aus.

Verunsicherte Eltern

Was zunächst als Unterstützung für sozial besondere Situationen gedacht war, für Alleinerziehende oder mehrfach belastete Eltern, ist zur allgemeinen Selbstverständlichkeit mit Rechtsanspruch geworden. Über die damit einhergehende Veränderung auch der Elternrolle spricht allerdings kaum jemand. Eltern fühlen sich intuitiv in der ersten Beziehungsrolle zu ihrem Kind. Sie möchten diese auch so gut wie möglich erfüllen und reflektieren häufig ihre Erziehungsmethoden, informieren sich über die richtige Ernährung, gesundheitliche Achtsamkeit und frühkindliche Bildung für ihre Kinder. Sie spüren aber auch ihre Zeitdefizite und Grenzen der Belastbarkeit.

Es gibt aber auch Eltern, die geben zu meiner Überraschung ihr Kind am erstmöglichen und dann jeden Tag als ein Bündel ab, wie sie ihr Auto in die Inspektion bringen und die Verantwortung an die Werkstatt übertragen. Man erlebt manches, was man nicht für möglich halten würde.

Wenn Eltern ihre vier Monate alten Kinder in Tagesstätten bringen, damit sie wieder ihren Berufen nachgehen können, hoffen die meisten darauf, viele vergewissern sich auch, dass die gewählte Einrichtung modernen Standards entspricht und ihr Kind »gut aufgehoben« ist. Was ihnen meistens nicht bewusst ist: Dass nur wenige Monate nach der Geburt das Kind eine neue erste Bezugsperson erhält. Das bedeutet, auch die Rollen der Mutter und des Vaters ändern sich gründlich: Eltern treten in die zweite Reihe oder noch weiter zurück. An fünf von sieben Wochentagen bleibt ihnen mit dem Kind nur die kurze Zeit morgens vor der Abgabe und abends nach dem Abholen. Das Kind erlebt in seiner wachen, aufmerksamen Zeit sehr nah andere Menschen als seine Eltern.

Wenige Eltern vollziehen diesen Rollenwechsel bewusst. Wenn sie das Kind am Wochenende ganz bei sich haben, wollen Mutter und Vater »ihr« Kind erleben nach dem klassischen Familienbild. Das Kind erfährt über die Woche aber einen anderen Zeitrhythmus, übernimmt andere Gewohnheiten, lebt in Beziehungen zu Erzieher/innen und Kindern in der Gruppe. Auch wenn die Eltern noch so aufmerksam mit ihm umgehen: Die Familienzeit ist vergleichsweise eine Unterbrechung und außerordentlich.

Dabei ist zu bedenken, dass dieser frühe Rollen- und Beziehungswechsel dem Leitbild der Erwachsenen folgt, die den Anforderungen der Ökonomie Rechnung tragen. Ihr Leitbild fragt weniger danach, was das Beste für das Kind wäre. Die Eltern, die Erstbeziehungen des Kindes, werden substituiert, damit sie anderen Aufgaben nachkommen können. Damit hat ein Wechsel von der familienbegleitenden Erziehung zur familienersetzenden Erziehung stattgefunden. Zu meiner Verwunderung ist das auch die Erwartung der Eltern: dass die Einrichtung während der Betreuungszeiten die Familienbeziehungen ersetzt – davor und danach aber nicht. Dass das unrealistisch ist, weil damit auch ein grundsätzlicher Wechsel in ihrer eigenen Rolle einhergeht, steht ihnen selten vor Augen.

Beeinträchtigte Kinder

Und die Kinder? Was bedeutet es für Kinder ab vier Monaten, wenn die bis dahin wichtigste Bezugsperson und die Personen neben ihr ausgetauscht werden? Intuitiv, von den Vorstellungen einer Mutter-Kind-Beziehung her, würde ich, würden doch vermutlich die meisten solch einen Eingriff in das Leben eines Kindes scheuen. Ist das nur Sentimentalität? Wird in dieser Vorstellung die Fähigkeit des jungen Menschen, flexibel zu reagieren, sich auf Neues ein- und umzustellen, unterschätzt? Immerhin kommen sie in die Obhut geschulter Pädagogen. Wer aber weiß um die Qualifikation von Müttern, Großmüttern, Nachbarinnen in der Kinderbetreuung, von Vätern, Onkeln und als Ersatz-Opas engagierten Rentnern?

Dazu gibt es Studien. Zum Beispiel hat die *NICHD-Studie* (*Belsky* et al. 2007, 2010, 2010a) in einer Langzeituntersuchung mit 1300 Kindern in den USA verschiedene Fremdbetreuungsformen bei bis zu 4½-Jährigen auf die Auswirkungen bis in das Alter von 15 Jahren erforscht. Bei einer qualitativ guten Fremdbetreuung – also durch ausgebildete Pädagogen – haben viele Kinder später bessere sprachliche und kognitive Fähigkeiten als Kinder in der Obhut von Müttern und Eltern. Natürlich hängen diese Fähigkeiten nicht nur von der Betreuung ab. Aber in der Tendenz: besser. Eine ganz auf wirtschaftliche Leistungsfähigkeit fixierte Gesellschaft sollte sich also eine Betreuung ihrer kleinsten künftigen Leistungsträger in Fachinstitutionen zur Maxime machen. Oder?

Die Studie hat allerdings weitere Ergebnisse erbracht: Je mehr Fremdbetreuung in den jüngsten Jahren, umso mehr treten bei den *Kindern kurz- und langfristig Verhaltensstörungen je nach Altersstufe auf:* Trotz, häufige Wutanfälle, Zerstörung von Sachen, Lehrer-Schüler-Konflikte, Schwächen im Sozialverhalten, mangelnde Empathie, Kontaktschwäche, Rückzug in sich selbst, Depressionen. Keines dieser negativen Phänomene war den Auswertungen nach im klinischen, also sehr gravierenden Bereich. Aber andere Untersuchungen in den USA kamen zu ähnlichen Ergebnissen: geringe Vorteile im sprachlich-kognitiven Bereich, im Durchschnitt feststellbare Nachteile im sozial-emotionalen. Es versteht sich von selbst, dass zahlreiche weitere Faktoren – Beziehungsfähigkeit der Mütter und Eltern, Bildungs- und sozialer Standard der Familie, Einflüsse auf die Familie, Qualität, Ausstattung und Ausrichtung der pädagogischen Einrichtung – relevant sind. Insofern kann man hier nur von Tendenzen sprechen.

Die Situation in den USA bei den Betreuungseinrichtungen ist nur bedingt vergleichbar mit der in der Bundesrepublik Deutschland. Fundierte Forschungsergebnisse über unsere nationale Situation fehlen leider weitgehend. Es gibt, wie fast immer und überall, Studien mit alarmierenden Ergebnissen, andere beruhigen eher. Vor allem gibt es, auch wie immer, verschiedene Experten-Interpretationen.

Ich ziehe also vorsichtige Schlüsse:

Nachteilige Entwicklungen im sozial-emotionalen Bereich bei Kindern, die früh in Betreuungseinrichtungen gegeben werden, liegen in der Tendenz. Ich würde Vorteile im sprachlich-kognitiven Bereich keinesfalls dagegen aufrechnen wollen. Es ist offensichtlich, dass pragmatische Regelungen eingeführt werden, die sich an den Bedürfnissen der Berufswelt und auch der Eltern ausrichten, die Folgen für die Kinder – um die es geht! – aber nicht geklärt und nicht ausreichend bedacht sind. Vordringlich wäre eine viel intensivere Diskussion über die erforderlichen Voraussetzungen und die Qualität bei den Einrichtungen und deren Gewährleistung, bevor das Betreuungssystem im Hauruckverfahren auf die Aufnahme von Kindern ab vier Monaten bundesweit, lokal und in den jeweiligen Institutionen umgestellt würde. Einhergehen muss diese Umstellung bei den öffentlichen Kindereinrichtungen mit einer intensivierten Begleitung der Familien im Erziehungsbereich, mit Familienbildung, und natürlich mit einer systematischen Fortbildung und Unterstützung der Pädagogen.

Es ist jedenfalls nicht polemisch zu sagen: Beziehungswechsel sind kein Kinderspiel. Ich halte auch die Intuition, dass die plötzliche Abgabe eines Vier-Monate-Babys aus der Obhut der Mutter an eine pädagogische Einrichtung nicht belanglos ist, für einen ernsthaften Einwand gegen eine zunehmend nicht mehr hinterfragte Selbstverständlichkeit. Flexible Response mag eine berechtigte Erwartung an Menschen in der Berufswelt sein. Wie viele davon überfordert werden, ahnen wir durch Erfahrungen mit uns selbst und im Bekanntenkreis. Wir wissen aus den Erhebungen der Krankenkassen über die Folgen von objektivem und subjektiv empfundenem Stress in der Berufswelt. Flexible Response ist deshalb mit Sicherheit kein pädagogisches Ziel für Kleinkinder. Kinder stecken den Beziehungsbruch nicht in einer

Schreiphase weg. Traumatisierungen verbleiben über Jahre und Jahrzehnte in vielen von ihnen.
Was eigentlich bestimmt hier die Prioritäten?

Kinder verantwortlich eingliedern

Die staatliche Gesetzgebung und ihre Ausführungsbestimmungen lassen völlig offen, unter welchen Bedingungen und Maßgaben der Übergang aus der Familie in die Kindertageseinrichtung stattfinden muss, also wie er für das Kind abgefedert werden kann. Angesichts der Risiken, die Beziehungsbrüche in Kindern auslösen können, ist das unverständlich, um nicht zu sagen: unverantwortlich! Das gilt besonders, weil nicht wenige Kinder oft schon erhebliche Beziehungsbrüche hinter sich haben, bevor sie in eine Kindertagesstätte aufgenommen werden. Viele sind bereits durch das Scheitern der Beziehung ihrer Eltern und deren Folgen merklich traumatisiert. Umso mehr besteht also staatlicher Regulierungsbedarf bei der Eingliederung der Kinder. Und zwar zum Wohl des Kindes!

Deshalb möchte ich das »Berliner Modell« vorstellen, mit dem an verschiedenen Orten Deutschlands und bei unseren kirchlichen Einrichtungen auf diese Veränderung in der Kinderbetreuung – freiwillig, aus eigener Initiative – reagiert wird. Die jeweiligen Träger können dieses Modell für ihre Institutionen wählen. Bei vielen Anbietern können Eltern ihr Baby aber auch nicht gestaltet über-, sondern einfach abgeben. Ich halte das für skandalös.

Für die Eingliederung der neuen Kinder sieht das Berliner Modell verschiedene Phasen vor, das heißt: Sie wird gemäß den Möglichkeiten und Erfordernissen des Kindes individualisiert. Wenn schon ein Bruch in der engsten Beziehung des Kindes, dann soll der nicht abrupt geschehen, sondern schrittweise. Die starke Verminderung der bisherigen Beziehung geht langsam einher mit dem Aufbau einer neuen. Dazu gehört auch die Eingewöhnung in die neue Umgebung mit weiteren erwachsenen und kleinen Menschen. Das Kind selbst bestimmt letztlich, trotz einiger Zeiteinteilungen durch die Einrichtung, das Tempo des Übergangs.

In der ersten Phase hält sich die Bezugsperson, meistens die Mutter, mit dem Kind täglich zwei bis drei Stunden in der Einrichtung auf. Die Bezugsperson bleibt dabei passiv, sie übernimmt keine aktive Rolle bei Spielen der Kindergruppe usw. Die Erzieherin beobachtet Verhaltensmuster in der Beziehung zwischen Kind und Elternteil, um sie später adaptieren zu können. Kontakte des Kindes in die Gruppe initiiert die Fachkraft sehr zurückhaltend. Sucht das Kind sie und hat Freude daran, ist das Mitmachen natürlich selbstverständlich. Die bisherige Bezugsperson ist immer anwesend, erreichbar, für das Kind »ein sicherer Hafen«. Sie behält in dieser Phase auch die Zuständigkeit für die Körperpflege und Ernährung des Kindes.

In der zweiten Phase übernimmt die Fachkraft schrittweise die Versorgung des Kindes bei Pflege und Ernährung. Zunächst im Beisein der Mutter, dann, wenn das gut möglich erscheint, auch alleine. Die/der Erzieher/in bietet sich dem Kind auch als Spielpartner an, also als eine neue Bezugsperson. Einer der letzten Übergänge ist der des Schlafenlegens in der Einrichtung, so können im Zuhause des Kindes und in der Institution besser verschiedene Riten und Gewohnheiten beibehalten bzw. entwickelt werden, die für das Kind nebeneinander selbstverständlich werden. Auch in der zweiten Phase ist die erste Bezugsperson des Kindes in der Einrichtung jederzeit im Raum erreichbar.

Phase drei bedeutet, dass das Kind Zeit im Raum mit der Fachkraft, anderen Erzieher/innen und Kindern zusammen verbringt, während die bisherige Bezugsperson sich in einem anderen Raum der Einrichtung aufhält. Sie bringt das Kind in die Gruppe und verabschiedet sich von ihm. Nun hängt es von der Reaktion des Kindes ab, wie lange die räumliche Trennung dauern wird. Nimmt das Kind die Entfernung der Mutter gleichmütig hin oder lässt sich zumindest sehr bald von der Fachkraft beruhigen und in eine Beschäftigung im Gruppenraum einbeziehen, dauert sie etwa eine halbe Stunde. Ist die Trennung für das Kind »dramatisch«, lässt es sich nicht beruhigen, dauert sie nur zwei bis drei Minuten. An den nächsten Tagen werden die Trennungszeiten je nach Verhalten des Kindes verlängert. Die Bezugsperson bleibt immer erreichbar im Gebäude.

Phase vier schließlich lässt das Kind ganz am Leben und den Aktivitäten der Gruppe in der Einrichtung teilnehmen. Vorher schon ist die körperliche Versorgung des Kindes vollständig auf die Fachkraft übergegangen. Die primäre Bezugsperson bleibt nun nicht im Gebäude der Einrichtung, während das Kind in der Gruppe ist. Sie ist aber jederzeit telefonisch erreichbar und kann bei Bedarf schnell beim Kind sein. Für viele Mütter oder Eltern bedeutet das, sie können ab dieser Phase wieder beruflichen Aufgaben nachgehen, aber immer noch liegen die erste Priorität und ihre vorrangige Aufmerksamkeit beim Kind. Es hat das Recht, durch sein Verhalten nach Einschätzung der Fachkräfte jederzeit die Anwesenheit, die Begegnung mit seinen bisherigen Bezugspersonen einzufordern.

Diesen Phasen der Eingewöhnung gehen Gespräche der Fachkräfte mit den Eltern/ersten Bezugspersonen voraus und sie werden davon begleitet. Insgesamt dauert der Übergang sechs bis acht Wochen. Er kann, wenn das Verhalten des Kindes dies erfordert, länger dauern. Es kann beispielsweise notwendig sein, nach Beginn der Phasen zwei, drei oder vier in die vorherige zurückzukehren und dem Kind dort mehr Zeit zu lassen.

Nach den Erfahrungen in der Anwendung erzielt dieses Modell gute Wirkungen. Es verhindert zu starke Brüche und Traumatisierungen. Es ermöglicht dem Kind eine gute Verarbeitung des Beziehungswechsels. Dieses Modell müsste der Mindeststandard für eine bundesweite Gesetzgebung sein.

Eine solche Mindestvoraussetzung sollte sehr bald gesetzlich festgeschrieben werden. Andernfalls geraten jene Träger, die dieses oder ein ähnliches Modell bereits freiwillig zum Wohl der Kinder eingeführt haben, unter erheblichen Druck. Sie müssen mit solchen Einrichtungen konkurrieren, die sich ausschließlich an den Marktbedingungen und den pragmatischen Erwartungen der Eltern orientieren.

Vor vierzehn Jahren waren die Einrichtungen der kirchlichen Träger im Bereich Bad Godesberg die ersten, die eine frühkindliche Betreuung ab vier Monaten angeboten haben. Wir hatten uns trotz aller grundsätzlichen Fragen für diesen Schritt entschieden. Zentral dabei war für uns, ein Bildungskonzept für die Kleinkinderpädagogik zu erstellen, das zwar auf die Bedürfnisse der Erwachsenen eingeht, sich aber primär am Wohl der Kinder ausrichtet. Selbstverständlich war das Berliner Eingewöhnungsmodell deshalb ein unverrückbarer Bestandteil der Konzeption. Man muss aber wissen, dass dieses Modell zunächst sowohl von der Einrichtung und ihren Fachkräften als auch von den Eltern sehr viel mehr an Zeit, Aufwand, Mühe und Aufeinander-Eingehen fordert als eine Kinderkrippe, in der die Kinder einfach abgegeben werden können. Welche negativen Folgen die fehlende Eingliederung hat, das wird oft erst später von Eltern, Fachkräften und dem Kind wahrgenommen. Keiner bemisst, was es dann an zusätzlichem Aufwand fordert. So waren viele Eltern alles andere als glücklich und zufrieden, als sie erfuhren, dass bei uns das Berliner Modell Vorbedingung der Aufnahme ihres Kindes ist. Es bedeutet konkret, dass die Eltern etwa weitere zwei Monate ihre Zeit dem

Kind »opfern« müssen und nicht (voll) arbeiten können. Manche Eltern empfanden das als Zumutung. Zu groß ist der Druck durch die Bedingungen des Arbeitsmarktes und die eigene Erwartung an die Rückkehr zum Arbeitsplatz. Damals hatten diese Eltern aber im Bereich Bad Godesberg kaum Alternativen. Also haben sie – nicht wenige zähneknirschend – unsere Bedingung akzeptiert. Das heißt nicht, sie würden die Vorteile der gestalteten Eingewöhnung nicht erkennen können, zumal wenn sie abgeschlossen ist. Das macht nur deutlich, dass trotz aller gegenteiligen Beteuerungen das Wohl des Kindes in unserer Gesellschaft sehr schnell anderen Interessen und vermeintlichen Notwendigkeiten nachgeordnet wird.

Man wird annehmen wollen, dass die Entwicklung mit der Zeit für die Kinder arbeitet. Dass bald nahezu überall das Berliner Modell oder etwas Ähnliches praktiziert wird, dass Folgen und notwendige Begleitmaßnahmen der Frühbetreuung mehr bedacht werden. Das anzunehmen wäre allerdings ein Irrtum. Durchsetzen konnte sich dieses Modell nur, weil das Angebot unserer Frühbetreuung konkurrenzlos war. Je mehr Kindergärten gebaut und eingerichtet werden in Gegenden mit entsprechender Nachfrage, oder je mehr in kinderarmen Regionen die verbleibenden Anbieter auf die Bedingungen der Eltern und des Marktes eingehen müssen, umso mehr gehen freiwillige Zusatzauflagen zurück, die von Eltern und Trägern einiges fordern. Wie das im Raum Bad Godesberg in Zukunft aussehen wird, ist noch nicht ausgemacht. Noch steht der hohen Nachfrage vieler Eltern mit Kleinkindern ein relativ niedriges Angebot entgegen. Das wird sich ändern.

Dass das Wohl der Kinder nicht die automatische und maßgebliche Priorität gesellschaftlicher Prozesse ist, wird an vielen Beispielen deutlich. Umso wichtiger sind gesetzlich vorgegebene Standards!

Immer mehr »Sorgenkinder«

Früher gab es die »Aktion Sorgenkind«, die im öffentlich-rechtlichen Fernsehen mit Lotterie, Unterhaltung und dosierten Informationen den Blick der Gesellschaft vor allem auf Kinder mit genetischen oder geburtsbedingten Behinderungen lenkte. Die Medizin, ihre Pränataldiagnostik sowie die medizinischen Indikationen für Schwangerschaftsabbrüche haben die Zahl der Geburten von Menschen mit geistig-körperlichen Behinderungen stark reduziert. Mit diesen Veränderungen hat die »Aktion Sorgenkind« auch ihren Namen zur »Aktion Mensch« gewandelt. Sie hat ihre Perspektive, ihr Engagement und ihre Öffentlichkeitsarbeit neu ausgerichtet. Aus bemitleidenswerten Empfängern von Wohltaten wurden Subjekte ihrer Inklusion. Im Fokus steht dabei die gleichberechtigte Teilnahme aller Menschen an der Gesellschaft. Gut so! Überraschenderweise hat die »Aktion Mensch« aber heute nicht weniger Aufgaben und Projekte zur finanziellen Unterstützung als früher die »Aktion Sorgenkind«. Die angeborenen Behinderungen machen nur noch vier Prozent von allen aus (Statistisches Bundesamt 2013). Dagegen haben die oft starken Behinderungen dramatisch zugenommen, die durch unsere psychosozialen und kulturellen Umstände verursacht werden. Und sie nehmen weiter zu! Die »Aktion Mensch« propagiert den in mehrfacher Hinsicht bedeutsamen Satz: »Man ist nicht behindert, man wird behindert«. Und legt damit – von vielen unbemerkt – den Finger in eine neue, große Wunde. Denn in der Konsequenz bedeutet dies, dass unsere gegenwärtige Art zu leben viele Menschen, damit auch Kinder, krank macht und nachhaltig behindert. Unzählige Studien und Statistiken weisen nach, dass Menschen aller Generationen mit physischen und psychischen Erkrankungen auf unsere moderne Lebenssituation reagieren. Wir machen krank?! Das ist eine

Feststellung, die uns aufschrecken muss, gerade wenn sie auch die Kinder betrifft. Angesichts solcher Beobachtungen ist es unmöglich, zur Tagesordnung überzugehen. Vielmehr müsste es unsere Gesellschaft provozieren und herausfordern, die Lebensumstände so zu verändern, dass sie nicht krank machen, sondern eine gesunde Entwicklung fördern. Ich frage mich, was könnte uns dabei mehr Motivation sein, als dass unsere Kinder einen guten Weg in ihr Leben finden können?

Ungeachtet solcher notwendiger Überlegungen ist es wichtig, einen guten Umgang mit bereits bestehenden Beeinträchtigungen zu finden. Also teilen wir mit der »Aktion Mensch«, mit dem Bewusstseinswandel großer Teile der Gesellschaft und auch des Gesetzgebers in unseren pädagogischen Einrichtungen das Ziel der Inklusion. Das ist im Letzten kein Programm für einige wenige oder für »besondere« Menschen, sondern ein Prinzip für alle! Die Ausgangsfragen sind: Haben alle Kinder die ihren individuellen Fähigkeiten entsprechenden Möglichkeiten einer Teilhabe? Was kann vom Träger einer Einrichtung und von den Fachkräften fördernd dafür getan werden?

Um das bewerten zu können, ist ein nüchterner Blick auf die Realitäten erforderlich. Ich treffe mich monatlich mit den Leiter/innen der vierzehn Häuser für Kinder zur Konferenz. In den ersten Jahren, damals gab es noch keinen U3-Kindergarten, berichteten sie immer mal wieder von einzelnen Kindern mit auffälligen Verhaltensmustern. Es wurde besprochen, was von Seiten der Einrichtung getan werden kann, ob und wie die Eltern zu informieren und auf geeignete Maßnahmen hinzuweisen sind. In der Stadt Bonn gab es, so erfuhren wir auf Nachfrage zu diesem Zeitpunkt (2007), nur zwölf Einzelintegrationsmaßnahmen. Keine in unseren Kindertagesstätten. Dabei handelte es sich um medizinisch und kinderpsychologisch genau definierte, manifeste Krankheitsbilder. Die Situation hat sich heute stark verändert. Mittlerweile (2018) nehmen 60 von unseren rund 700 Kindern an individuell abgestimmten Fördermaßnahmen teil! 60 Kinder im Bereich Bad Godesberg allein nur in unserem Netzwerk! Die Zahl der Kinder also, die einer eigenen und individuellen Förderung bedürfen, das heißt: zunächst in der Kindereinrichtung, dann in Schule, Ausbildung und Beruf, hat sprunghaft zugenommen.

Entsprechend haben wir die Inklusion zu einem Schwerpunkt aller vierzehn Kindereinrichtungen gemacht. Wir haben die erste Inklusionskindertagesstätte der Region gebaut und eine bereits bestehende integrative Einrichtung weiterentwickelt. Außerdem wurde ein heilpädagogischer Beratungs- und Förderdienst eingerichtet. In ihm arbeiten ausgebildete Fachkräfte im heil- und sozialpädagogischen Bereich und begleiten in allen unseren Einrichtungen die vielen Kinder zusätzlich, die Förderbedarf entwickeln. Alles Interventionen, mit denen wir auf die offensichtlichen Notwendigkeiten reagiert haben.

Doch zur ehrlichen Wahrnehmung der Situation gehört ein weiteres. In der gemeinsamen Konferenz der vierzehn Kindertagesstätten sprechen die Leiterinnen seit längerem nicht nur über diese 60 Kinder, die Anspruch auf unsere besondere Aufmerksamkeit haben. Sie sprechen – ohne amtliche Befunde und Formulare – inzwischen davon, dass rund 40 Prozent aller Kinder in ihren Einrichtungen durch ihr Verhalten auffallen und einen echten Förderbedarf entwickeln! Da sind gewiss viele dabei, bei denen es nicht um eine medizinische oder psychologische Diagnose im klinischen Sinne geht. Aber die Fachkräfte wissen, was sie sehen und was ihnen auffällt. Die Beobachtungen von 130 pädagogischen Fachkräften stimmen in ernüchternder Weise überein. Alle Kinder brauchen selbstverständlich Aufmerksamkeit, 60 werden im Zuge einer Einzelintegration individuell gefördert aufgrund objektiver und medizinisch bestätigter Kriterien, 40 Prozent von 700 sind überdies auffällig und brauchen eine besondere Beachtung, abgestimmte Pädagogik und individuelle Förderungen. Diese Realität macht fassungslos! Wenn erwachsene Menschen in Deutschland sich Bilder von Kindergärten vor Augen führen, sind sie sich dann dieser radikal veränderten Realität bewusst? Die Folgen einer »stillen Kulturrevolution« bleiben für die allermeisten unsichtbar, oder sie werden bewusst ignoriert.

Für die in der Kleinkinderpädagogik Arbeitenden aber bleiben solche Folgen Realitäten, mit denen sie umgehen müssen. Die Fachkräfte alle zusammen sollen und müssen also nicht nur Pädagog/innen sein und Erzieher/innen als Bezugspersonen, sie müssen auch noch Sozialpädagog/innen sein, die auf besondere Kinder besonders eingehen können. Sie müssen außerdem die Eltern auf Auffälligkeiten ihrer Kinder aufmerksam machen. Es ist gefordert, mit den Eltern mögliche Gründe, Veränderungen, Hilfen und Therapien zu eruieren. Eine zeitaufwendige Aufgabe und eine schwere Herausforderung. Denn es ist nicht einfach, Eltern zu vermitteln, dass ihr Kind auffällig ist und zusätzliche Förderung braucht.

Unsere Situation ist auf die Kindertagesstätten in der Bundesrepublik zu übertragen. Sie ist Alltag. Überall. Wenn andere Träger von Kindereinrichtungen das so nicht bestätigen sollten, bin ich trotzdem sicher: Die förderbedürftigen Auffälligkeiten sind bei den Kindern auch dort in hoher Zahl vorhanden und steigen beständig. Was vielerorts fehlt, ist vermutlich der geschulte Blick dafür. An dieser Stelle wird klar, dass eine neue institutionelle Verantwortung auf alle Träger von Kindertagesstätten zukommt, und zwar überall im Land. Der zusätzliche Förderbedarf von Kindern, ihre Auffälligkeiten müssen durch das Personal in den Einrichtungen sensibel und möglichst frühzeitig wahrgenommen werden, weil Eltern diese Beobachtungen in der Restzeit, die sie mit ihren Kindern zusammen sind, oft nicht mehr machen können. Den meisten Trägern von Kindertagesstätten ist diese Verantwortung noch nicht bewusst und damit auch nicht klar, welche Anforderungen sich dadurch für die fachliche Qualifikation der Erzieher/innen ergeben. Im Letzten wird der Gesetzgeber erkennen müssen, dass hier Handlungsbedarf entsteht. Zukünftig dürfte es keine Kindertagesstätte geben, in der nicht mindestens eine heilpädagogische Fachkraft tätig ist.

Wir haben auf die Realitäten geschaut. Das Bild ist aber nur vollständig, wenn man noch etwas Weiteres anfügt, was ebenfalls nicht nur für unsere Kindergärten in Bad Godesberg gilt. Wir haben einige Kindertagesstätten, in denen lernen und spielen Kinder aus bis zu 25 Nationen. Eine solche Situation ist in vielen multikulturell zusammengesetzten Stadtteilen gang und gäbe. Zusätzlich betreuen wir seit einigen Jahren in allen Einrichtungen Kinder von Flüchtlingen, das sind rund 30 Kinder. Wie viele andere hatten wir 2015 nicht mit der hohen Zahl an Flüchtlingskindern gerechnet und waren entsprechend nicht auf die zusätzlichen Herausforderungen vorbereitet. Dennoch bestand einhelliger Konsens, dass wir hier helfen und auch diesen Kindern Heimat und einen guten Start ins Leben bieten wollen. Für die Erzieherinnen bedeutet das eine zusätzliche Aufgabe, denn es gibt kein weiteres Personal, wenn Flüchtlingskinder aufgenommen werden. Nicht alle Kinder, die eine Flucht erlebt haben, fordern deshalb heraus oder sind traumatisiert. Aber viele sind von ihrem Fluchtschicksal gezeichnet und werden es – vermutlich – bleiben. Andere kommen in die Einrichtungen und integrieren sich schnell, sind unauffällig in der für sie neuen Umgebung. Nach einiger Zeit, wenn sich das Leben der Familie und des Kindes in einem festen Rahmen stabilisiert hat, kommen sie zur Ruhe. Dann plötzlich brechen Traumata auf. Oder ihre Eltern entwickeln solche. Unter den Anforderungen von Flucht, Sorge um ihre Kinder, Ungewissheiten über Aufenthalt, Wohnung, Arbeit, Alltag und medizinischer Versorgung fand sich »keine Zeit« für seelische Krisen. Kaum dass sie einigermaßen zur Ruhe kommen, melden sich die psychischen Verletzungen und übertragen sich dann auch als Krisen auf die Kinder. Das alles sind besondere pädagogische Herausforderungen, denen nicht wenige Erzieher/innen überfordert gegenüberstehen.

Als Ergebnis kann man festhalten: Gesellschaft und Staat bringen eine ganze Reihe Probleme in den Kindergärten unter. Dazu gehören die massiven Folgen einer veränderten Berufswelt. Dazu zählen die fragile Situation vieler Paare und Familien sowie das oft heftige Gezerre an den Kindern in Trennungssituationen. Auch bedeutsam sind die Auswirkungen einer reizüberfluteten und gestressten Technik- und Mediengesellschaft, sind Kriege und Fluchtbewegungen, nicht zuletzt soziokulturelle Krankmacher. Auf die Forderung nach ausreichenden Betreuungsplätzen antworten Staat und viele Träger mit Neubauten. Wenn die Kinder untergebracht sind, spielen sie zusammen in einer scheinbar heilen Welt – viel mehr wird die Lage nicht oder nur in sehr kleinen Fachkreisen reflektiert. Wir haben der Aktion Sorgenkind einen anderen Namen gegeben – und machen uns keine Sorgen mehr um die Kinder. Vielleicht noch um das eigene. Aber das reicht nicht aus!

Die Tatsache, dass die Umstände, in denen wir, in denen unsere Kinder leben, zu schweren Beeinträchtigungen und Behinderungen führen, dass Statistiken eine immer größer werdende Zahl älterer Kinder und Jugendlicher mit erheblichen psychischen Störungen aufdecken, muss alarmieren. Wir machen krank? Wir machen krank! Das fordert eindringlich: WIR müssen etwas ändern. Wenn Strukturen Kinder in großer Zahl schädigen, besteht dringender

Handlungsbedarf! Mit Neu- und Ausbauten von Kindertagesstätten, mit Rechtsansprüchen auf Unterbringung ist es bei Weitem nicht getan.

WIR reagieren: Maßnahmen vor Ort

Es steht nicht in unserer Macht vor Ort, alle Gründe und Umstände zu ändern, die zur alarmierenden Lage der Kinder, der pädagogischen Fachkräfte und der Kindertagesstätten geführt haben. Es steht aber sehr wohl in unserer Macht vor Ort, etwas zu tun, um die Lage besser, die Einrichtungen für Kinder und Erwachsene menschlicher zu machen und Fachkräfte in ihrer Kompetenz zu fördern. WIR können reagieren und investieren.

In Bad Godesberg war die Voraussetzung dafür, dass sich auf Impuls der Bürgerstiftung Rheinviertel hin vierzehn Einrichtungen für Kleinkinder sowie ihre Träger zu einem Netzwerk zusammengeschlossen haben. Sie haben ihre Kräfte gebündelt, um auf die veränderte Situation und die sich daraus entwickelten Defizite zu reagieren – und zwar aus der Mitte der Zivilgesellschaft heraus. Das Motto: Gemeinsam sind wir stark! Die Zielsetzung war insbesondere, die Rahmenbedingungen für Kinder, Eltern und Fachkräfte insgesamt zu verbessern. Daraus entstanden mehrere Institutionen, die in ihrer Angebotsstruktur selbstverständlich allen offen stehen:

1. Erzieher befähigen: »Akademie Bad Godesberg«

Die »Akademie Bad Godesberg« hat ein umfängliches Weiterbildungsangebot im Bereich der Elementarpädagogik für Mitarbeiter/-innen von Kindertagesstätten und der Tagespflege entwickelt. Die inhaltliche Gestaltung des Programms entsteht nach einer Evaluation von Bedarfen aus den Einrichtungen. Als Referenten werden mit Vorliebe kompetente Mitarbeiter/innen des eigenen Netzwerkes eingesetzt, aber auch externe Fachleute mit Praxisbezug. Damit gewährleistet die Akademie, dass das Angebot möglichst passgenau und praxisnah den sich stetig wandelnden Herausforderungen entspricht. Bei Bedarf führt sie auch Fortbildungen und Konzeptionstage direkt in den Kindereinrichtungen sowie interdisziplinäre Dialoge durch.

WIR haben damit erreicht: 1. eine größere fachliche Qualifikation bei den pädagogischen Mitarbeitern und ein erhöht souveränes Rollenverhalten, 2. einen fruchtbaren Austausch unter den pädagogischen Kräften, der Isolation vorbeugt und Solidarität fördert, 3. ein Gefühl der Wertschätzung der Mitarbeiter, indem wir ihre Wünsche nach Hilfe wahrnehmen und Qualifizierung anbieten.

Die Wirkung der »Akademie Bad Godesberg« und die große Resonanz auch außerhalb des Netzwerkes bestätigen, dass WIR den richtigen Ansatz verfolgen: wenn wir Erzieher durch Bildung unterstützen und befähigen.

2. Familien stützen: Familienzentren

Es wurde schon im vorausgehenden Kapitel »Es braucht das Miteinander« darauf hingewiesen: Bürgerstiftung Rheinviertel, der Seelsorgebereich Bad Godesberg und der Sozialdienst Katholischer Frauen (SKF) organisieren gemeinsam drei Familienzentren, je eines pro Viertel. Sie arbeiten in Kooperation mit kompetenten Fachleuten und Sozialdiensten. Bei Partnerschafts- und Erziehungsfragen, bei sozialen Notlagen wird zeitnah, unkompliziert und in örtlicher Nähe Beratung und Bildung vermittelt. Erreichen können Paare und Familien die Zentren über deren hauptamtliche Koordinatorinnen und auch über alle Kindertageseinrichtungen. Bildung für

Familien, für Eltern, zur Unterstützung ihrer Verantwortung für die Kinder ist eine Hauptaufgabe des Zentrums. Die Eltern werden aus ihrer Isolation geholt und in unterstützende Netzwerke eingebunden. Das ist besonders bedeutsam, wenn junge Familien eine schrumpfende Minderheit in der Bevölkerung werden. Die Zentren begleiten in der Annahme und Gestaltung der spezifischen Elternrollen und beim Rollenwechsel. Durch die diversen Aktivitäten der Zentren begegnen sich Eltern und Familien aus ganz Bad Godesberg: Es ist die Mitte eines sie stützenden Familiennetzwerks.

Die Familienzentren beweisen, dass es Auswege aus der Überforderung von Familien gibt, indem WIR sie auf diese und ähnliche Weisen stärken und unterstützen! Hier ist vieles denkbar.

3. Die Kinder stärken: »Heilpädagogischer Beratungs- und Förderdienst«

Der »Heilpädagogische Beratungs- und Förderdienst« versteht sich als übergreifendes Netzwerk und als Fachdienst für alle unsere Kindertagesstätten. In seiner Art ist er noch einmalig in Deutschland. In ihm arbeiten heilpädagogische und therapeutische Fachkräfte. Weil in ihm die öffentlichen Fördermittel für alle Kinder mit Einzelintegrationsmaßnahmen zusammengeführt werden, sind inzwischen zwölf Fachkräfte dauerhaft für ihn tätig. Sie gehen direkt in die Einrichtungen und beraten Erzieher/innen bei entsprechenden Beobachtungen zu einzelnen Kindern. Aus der Beobachtung erstellt die heilpädagogische Fachkraft eine vorläufige Diagnostik, je nach Grad der Auffälligkeit bespricht sie Interventionen mit der/dem Erzieher/in oder informiert die Eltern, um weitergehende Therapieansätze zu erörtern. Wenn staatlich geförderte Einzelintegrationsmaßnahmen angestrebt werden sollen, berät die Fachkraft die Eltern im Antragsverfahren. Schließlich wird die Therapie zumeist durch die Fachkräfte des Dienstes inklusiv in der Einrichtung umgesetzt. Das führt im Ergebnis zur Entlastung der Eltern, die keinen Therapieplatz für ihr Kind an einem externen Ort suchen und ihre Kinder regelmäßig dorthin begleiten müssen. Auch entlastet es die Teams in den Kindereinrichtungen und erhöht ihre eigene Kompetenz im Umgang mit beeinträchtigten Kindern.

Aber das Zentrale ist die Wirkung, die der Förderdienst auf die Entwicklung der Kinder hat! Es gäbe viele faszinierende Beispiele dieser Wirkung zu erzählen. Eines möchte ich stellvertretend auswählen. Eltern brachten uns einen kleinen Jungen, der sich nicht artikulieren konnte und der vollständig inkontinent war. Seine gesamte Körpermotorik war gestört. Er nahm nur süßen Zitronentee und Erdnussflips zu sich. Ein schwerstens beeinträchtigtes Kind. Nach drei Jahren intensiver Begleitung durch Therapeuten und Pädagogen wechselte er in die Regelschule. Er konnte sprechen, gehen, sich weitgehend gut bewegen. Er lachte und hatte Freunde. Man wird verstehen, dass uns – die heilpädagogischen Fachkräfte des Dienstes, die Pädagog/innen in den Teams, mich – dieses Beispiel und die vielen anderen nicht nur etwas stolz machen. Sie berühren auch menschlich sehr. Man kann sich nicht vorstellen, dass eine Zivilgesellschaft, dass WIR, wenn wir die Defizite dieses und vieler anderer Kinder wirklich wahrnehmen würden und dann sehen könnten, was an Hilfe und Entwicklung für diese Kinder möglich ist, ihnen die notwendige Zuwendung vorenthalten!

Damit wird klar: WIR schauen zu viel weg. WIR wissen zu wenig von den Chancen, die in einem Mehr an Zuwendung liegen. WIR sind zu sehr von der Massivität unserer Probleme blockiert und zu selten bereit, ihnen unkonventionell zu begegnen und sie zu lösen.

Das Defizitsyndrom setzt sich fort

Was hier von Kindern im Vorschulalter berichtet ist, setzt sich in einer durchgehenden Linie nach der Einschulung fort. Nur dass es in den Schulen nicht mehr die Aufmerksamkeit für einzelne Kinder und die Förderungen in auch nur einigermaßen ausreichendem Maße wie in den Vorschuleinrichtungen geben kann. Lehrerinnen und Lehrer haben von Stunde zu Stunde andere Klassen vor sich. Wie sollen sie Eltern substituierende Bezugspersonen für Kinder sein können? Wie sollen sie besonderen Förderungsbedarf erkennen können? Auch die Schulen haben das Prinzip der Inklusion – mit oder ohne ihre einzelne Zustimmung – aufgetragen bekommen. Leider nicht mit der dazugehörigen Zuweisung einer ausreichenden Zahl an Fachkräften mit verschiedenen Qualifikationen, die dafür notwendig wären. Häufig helfen junge Leute im Freiwilligen Sozialen Jahr aus. Die Realität ist, dass die Kinder, die aus unserer Tagesstätte mit Inklusionsschwerpunkt kommen oder von unserem Förderdienst begleitet wurden und in die Grundschule wechseln, nicht mehr die aufwendigen und gezielten Förderungen erfahren, die ihnen angemessen wären. Weil die Schulen sie nicht leisten können. Ihnen fehlen die personellen Ressourcen. Was in Wirklichkeit heißt: Dazu fehlt das Geld. Wie ernüchternd!

Etwas anderes fällt nicht minder auf. Wenn im Bundesland Nordrhein-Westfalen der pädagogische Anspruch an die Nachmittage in den Offenen Ganztagsgrundschulen derselbe wäre wie an die Unterrichtsvormittage – eigentlich doch eine logische Konsequenz –, hätte das Land ein weiteres Milliardendefizit. Es geht dabei nicht um mangelnde Achtung vor den freien Trägern der Nachmittagsangebote, oft ehrenamtlich, mit persönlichem Engagement und viel Zeitaufwand. Es geht um die Bedürfnisse und Herausforderungen der Kinder, die, um sie auch nur annähernd zu bewältigen, sehr viel pädagogischen, therapeutischen und sozialpädagogischen, also professionellen Sachverstand bräuchten. Der könnte dann selbstverständlich durch ehrenamtliches und freies Engagement ergänzt werden, das einen eigenen Wert hat und Werte vermittelt.

Fortzuführen wäre die Klage über Unterrichtsausfall, Lehrermangel, Lernmittelmangel, Zustand der Schulgebäude ...

Die Gesellschaft, ihre Ökonomie und ihr Arbeitsmarkt entziehen den Eltern einen großen und entscheidenden Teil ihrer Zeit mit den Kindern. Produktion, Geschäfte und Gewinne können so maximiert werden. Wie viel von dieser enormen Steigerung geben sie den Kindern in Bildungs- und Pädagogikausgaben eigentlich zurück? Im Jahr 2015 waren es ganze 4,2 Prozent des deutschen Bruttoinlandsprodukts. In der EU lag Deutschland damit an 21. Stelle (von 28). Kein Mensch behauptet ernsthaft, das wäre genug Geld. Keine politische Partei streitet für weniger Bildungsinvestitionen, alle für mehr. Nur: Das Problem besteht seit vielen Jahren, die Erhöhungen bei den Mitteln sind mäßig, dafür wachsen die Aufgaben und damit die notwendigen Ausgaben.

Das Wohl der Kinder ist nicht die maßgebliche Priorität. Ich sagte es schon. Es ist so offensichtlich wie beschämend: Wir sparen an unseren Kindern. Wenn wir nicht aufpassen, entwickelt sich aus den geschilderten Defiziten eine strukturell bedingte, systematische Gefährdung des Kindeswohls.

Jugendliche in Beziehungen setzen

Kinder und Jugendliche machen die Erfahrung, dass sie von der Erwachsenenwelt häufig im Stich gelassen werden. Moderne Sparpolitik setzt gerne bei sozialen Aufgaben an. Der daraus resultierende Mangel an Ressourcen führt häufig zu einem Mangel an geeigneten Bezugspersonen ausgerechnet für die, sie sie besonders brauchen. Das gilt auch und gerade für junge Menschen.

Schon im vorherigen Kapitel zu Partnerschaft, Ehe und Familie wurde darauf hingewiesen, dass Jugendliche einerseits ein Verhältnis zu ihrer Körperlichkeit und Sexualität entwickeln müssen. Dass sie andererseits aber dafür und darüber hinaus Impulse für ihre Persönlichkeitsentwicklung und ihre soziale Kompetenz brauchen. Es geht im Ganzen um die Beziehung zu sich selbst und um die Beziehungen zu anderen Menschen. Nichts davon kann ein Jugendlicher sowieso, selbst wenn er noch so viele gute Anlagen hat. Er braucht die eigene Erfahrung guter Beziehungen. Nötig sind zuverlässige Personen als Gegenüber und als Vorbilder. Wichtig ist das Gespräch über die eigenen Erfahrungen, Gefühle, Fragen, Entwicklungen, das Miteinander mit anderen.

In den Schulen fehlen weitgehend solche soziale Bezugspersonen. Es gibt nur selten mal einen Sozialarbeiter, und wenn, dann meist für mehrere Schulen gleichzeitig. Dieser Mangel bedeutet, dass die aus den Kindertagesstätten bereits bekannten Probleme sich in den Schulen noch verschärfen. Lehrer sehen sich den hundertfältigen Einzelproblemen ihrer Schüler ausgesetzt, ohne dem noch in dieser Fülle und mit Qualität begegnen zu können. Auch wenn sie sich dem mit allem pädagogischen Enthusiasmus stellen wollten, ist ihre eigentliche Aufgabe doch eine andere.

Um dieser Situation zu begegnen, versuchen WIR in Bad Godesberg passende Rahmenbedingungen für eine intensive Jugendarbeit zu schaffen. Wir wollen Jugendlichen Gelegenheiten zu guten außerschulischen Erfahrungen und Beziehungen geben. Das aber geht nur, wenn wir in zusätzliches Personal und zusätzliche Zeit investieren. Entsprechend arbeiten vier Jugendreferenten für die Jugendarbeit im Seelsorgebereich Bad Godesberg. Zwei sind Sozialpädagogen, zwei ausgebildete Lehrer. Sie betreuen Jugendgruppen, entwickeln offene Angebote und führen Wochenend- und Ferienprogramme durch. Auch helfen sie bei der religiösen, praktischen und beruflichen Orientierung. Sie sind als Personen ein Angebot an die Jugendlichen: die notwendigen Bezugspersonen. Sie müssen so beweglich sein wie die Jugendlichen selber, Kontakte zu vielen knüpfen, zuverlässig sein, beziehungsfähig. Die Bürgerstiftung Rheinviertel und die Gemeinden ermöglichen ihre Arbeit finanziell. WIR investieren in die Jugend – und die gibt es mit Engagement wie selbstverständlich zurück. Heute sind es mehrere Hundert, die mitmachen. So kann es gehen!

Man kann das an einem Beispiel deutlich machen, wie das konkret funktioniert. Für uns ist die Vorbereitung auf die Firmung eine günstige Gelegenheit, um mit den Jugendlichen in Kontakt zu treten. Die Firmung bedeutet eine Fortsetzung der religiösen Eingliederung in die kirchliche Gemeinschaft. Sie beginnt zumeist noch mit der Taufe als Kleinkind und wird in der Erstkommunion bei Acht- und Neunjährigen kindgemäß weitergeführt. Bei Jugendlichen ab 14 Jahren soll sie mit der Firmung einen vorläufigen Abschluss finden. Christlich gesprochen ist die Firmung das Sakrament der Gabe des Heiligen Geistes, ausgedrückt in einer Salbung. Firmung bedeutet Stärkung. Innerkirchlich befindet sich das Sakrament seit Jahren in der Diskussion. Wir reden über das richtige Alter, die angemessenen Formen der Vorbereitung und den Verpflichtungsgrad für junge Menschen während der Vorbereitungszeit. Gefragt wird auch, was im Nachgang der Firmung möglich ist und wie man erreichen kann, dass eine nachhaltige Bindung an Gemeinschaft und Glauben entsteht. Es dürfte nicht übertrieben sein, wenn man sagt: Das Sakrament befindet sich in der Krise, vielleicht ähnlich wie in den evangelischen Kirchen die Konfirmation. In vielen Gemeinden werden entsprechend nur noch wenige Jugendliche gefirmt. In Bad Godesberg aber sind die Zahlen in den letzten Jahren konstant geblieben, teilweise sogar angestiegen. Der Grund: Wir haben die Hinführung auf die Firmung nicht auf ein Minimum reduziert, sondern betreiben sie besonders intensiv. Wir laden jedes Jahr alle Jugendlichen ab 14 Jahren zu einer neunmonatigen Vorbereitung ein, in der sie sich jede Woche zwei Mal treffen, jeweils an einem Wochentag und am Sonntag. Immer in der großen Gruppe und in Kleingruppen. Immer zum geselligen Miteinander, zum Gespräch, aber auch zum Gebet.

Das bedeutet: Die jungen Leute machen Gemeinschaftserfahrungen. Sie erleben einen kommunitären Raum, der sich deutlich von ihren bisherigen Gemeinschaften in Familie, Schule, Freundeskreisen unterscheidet. Die Jugendlichen haben in dieser Zeit die Möglichkeit, sich als Heranwachsende auch anders und neu zu entdecken. Sie können sich einbringen, sind nicht fixiert auf die kindlichen Rollen, die sie bisher hatten. Die meisten machen die Erfahrung von Beziehungen in Gemeinschaft: was sie bedeuten, wie sie tragen, was für das Gelingen zu beachten ist und wie mit Konflikten umgegangen werden kann. Sie befassen sich gemeinsam mit Themen, Lerneinheiten und Impulsen durch Dritte. Neben anderem ist dabei auch ihre Sexualität ein Thema. Am Ende der Vorbereitung und nach der Feier der Firmung achten wir darauf, dass es in den Beziehungen untereinander und zur Gemeinde nicht zu einem Bruch kommt. Nicht nur bei Kindern, auch bei Jugendlichen ist es wichtig, Beziehungsbrüche zu vermeiden! Die Jugendlichen kennen also Bezugspersonen aus der Gemeinde, Katecheten, Jugendreferenten und pastorale Mitarbeiter. Auch stehen sie schon in Verbindung mit ehrenamtlichen jungen Jugendleitern, von denen sie während des Vorbereitungskurses angesprochen und eingeladen werden. Von ihnen haben sie Angebote gehört, wie sie ihre Gemeinschaftserfahrung nach der Firmung weiterführen und entwickeln können. Vor einigen Jahren noch verschwanden auch bei uns die meisten nach der Firmung aus den kirchlichen Zusammenhängen. Beinahe in allen Gemeinden erscheint es so, als gehöre diese Loslösung zum Erwachsenwerden. Heute bleiben bei uns in jedem Jahr sechzig bis siebzig Prozent der Jugendlichen nach der Firmung präsent. Sie machen Schulungen für ehrenamtliche Leitung in der Kinder- und Jugendarbeit, übernehmen Verantwortung, leiten Gruppen und gehören aktiv zu einer größeren Gemeinschaft vor Ort. Die wichtigste Erfahrung für sie: Es kommt auf sie selbst, auf jeden Einzelnen von ihnen an. Sie sind nicht austauschbar in diesem Netz von Beziehungen, im WIR. Sie haben in dieser größeren Gemeinschaft Bezugspersonen und sie können selbst zu Bezugspersonen zum Beispiel für andere Kinder werden. Sie erfahren, dass sie Bedeutung haben. Eigentlich ist es genau das, was kirchliche Jugendarbeit schon immer eröffnen wollte, auch wenn sich pädagogische Ansätze, Schwerpunkte und Vermittlungen der Glaubensinhalte, der Umgang von und mit kirchlichen Amtspersonen gründlich verändert haben. Sie will einen Gemeinschaftsraum schaffen, in dem die Individuen wachsen, Persönlichkeiten durch Beziehungen gestärkt werden, sich junge Menschen als soziale Personen erfahren und bewähren. Der Klassiker.

Erst die Kinder, dann das System!

Die Initiativen, die wir in das örtliche System der Kinder- und Jugendbetreuung und -begleitung einbringen, sind durchaus aufwendig. Wir engagieren uns nicht so sehr, um das System vor dem Kollaps zu bewahren. Auch nicht, um ihm mehr Zeit vor dem Zusammenbruch zu geben. Wir tun es, weil es uns um den einzelnen Menschen, das Kind, den Jugendlichen und um seine Zukunft geht. Uns treibt – es mag pathetisch klingen – die Liebe!
Aus diesem Grund ist es auch erlaubt und notwendig, dass wir vieles im praktizierten System darauf hinterfragen, ob es wirklich dem Wohl der zukünftigen Generation dient. Sind Beziehungspersonen von Kleinstkindern, Mütter, Väter, wirklich adäquat durch Institutionen und Fachkräfte zu ersetzen? Wohl kaum! Wie viel Mutter und Vater braucht es also? Kann der pädagogische und erzieherische Anspruch, den wir an die Nachmittagsbetreuung in den Grundschulen stellen, nur aus Kostengründen reduziert werden? Nein. Wird die gute Idee der Inklusion durch die defizitäre Personal- und Raumversorgung zur schlechten Praxis? Ja. Erfahren Kinder und Jugendliche mit soziokulturell bedingten Beeinträchtigungen genügend Aufmerksamkeit und Förderung? Nein. Fragen Gesellschaft und Politik nach den Gründen für krankmachende Umstände, die Kinder und Jugendliche beeinträchtigen? Nein. Erkennt man die strukturelle Überforderung von Eltern und pädagogischen Fachkräften hinreichend und stellt sie ab? Nein.
Wenn Kinder und Jugendliche für Gesellschaft und Staat die Priorität wären, die sie sein müssten, wäre die Ausgangsfrage für Erziehung und Bildung die nach ihrer Würde: Was sind wir Kindern und Jugendlichen schuldig, um sie zu stärken? Die Würde der jungen Generation kann nicht nur durch sexuellen Missbrauch verletzt werden.

Zweifelsohne ist es ein Drama, wo so etwas geschieht! Missbrauch an Kindern bedeutet auch, ihnen etwas vorzuenthalten, was für ihre Entwicklung vonnöten ist. Das geschieht in großem Umfang, weil das Geld nicht zur Verfügung gestellt wird, aber mehr noch, weil den jungen Menschen solche Personen fehlen, die sie in ihrer emotionalen Entwicklung stützen.

Solange unser System solche Defizite aufweist und zu den geschilderten Folgen führt, dürfen WIR es nicht einfach unreflektiert fortführen, ganz so, als könne uns nichts Besseres einfallen. WIR müssen die Kinder stärken und deshalb unsere Lebensumstände und ihre Lebensbedingungen verändern. Auch wenn manchem die Betreuung von vier Monate alten Kindern in Kindertagesstätten diskussionswürdig erscheint, auch wenn die Nachmittagsbetreuung mangelhaft wirkt, so ist es um der Kinder willen dringend erforderlich, in den bestehenden Einrichtungen die für ihre Entwicklung bestmöglichen Voraussetzungen zu schaffen. Da ist keine Zeit zu verlieren, auch keine zu gewinnen. An jedem Ort kann und muss, das wird man pauschal sagen dürfen, viel mehr für Kinder und Jugendliche getan werden, als unser System gegenwärtig leistet.

Trotz aller möglichen zivilgesellschaftlichen Initiativen und Verbesserungen: Eine »heile Welt« wird aus den Institutionen für Kinder und Jugendliche dadurch natürlich nicht. Gleichwohl bleibt keine Alternative zu einem zivilgesellschaftlichen Engagement im Bildungs- und Erziehungsbereich, zu einer konzertierten Aktion aller gesellschaftlichen und staatlichen Kräfte: für die Kinder. WIR müssen handeln. Es gilt: »Alarmstufe Rot«!

Kurz:

Der gegenwärtige Umbruch in der Gesellschaft durch die Rollenverschiebung bei Eltern und Erziehern entspricht einer stillen Kulturrevolution.

Unsere Gesellschaft treibt Entwicklungen der Arbeits- und Erwachsenenwelt auf Kosten der Kinder und Jugendlichen voran. Die Folgen: Psychosozial bedingte Beeinträchtigungen. Die Gefahr: Eine strukturelle Kindeswohlgefährdung.

Das Ziel unseres gesellschaftlichen Strebens ist zu wenig das Wohl unserer Kinder. Es wird anderen Interessen untergeordnet. Die Folgen für die Kinder werden ausgeblendet.

Forderungen:

1. Kindertagesstätten und Schulen müssen zu bestmöglichen Orten der Reifung und Persönlichkeitsentwicklung unserer Kinder werden. WIR müssen für die ausreichende Quantität und Qualität von Fachkräften und Bezugspersonen sorgen!

2. WIR müssen, um der Kinder willen, Eltern und Fachkräfte unterstützen, damit sie ihre Rollen angemessen wahrnehmen können!

3. WIR müssen eine ehrliche Debatte darüber führen, was Kinder und Jugendliche vorrangig brauchen – und eine Infragestellung unseres Lebens- und Rollenverständnisses zulassen.

3. KAPITEL

IN DER SCHWÄCHE STÄRKE ZEIGEN
Solidarität und Humanität in Alter und Tod

So wie wir heute alt werden, haben es die Generationen vor uns nicht erlebt, weder in der Länge noch in der Form. Mittlerweile wird »das Alter« in drei Phasen gegliedert: Die erste umfasst die Menschen, die aus dem Erwerbsleben bei Erreichung der Altersgrenze ausscheiden. Die »jungen Alten« haben Pläne, sind weitgehend gesund und aktiv, leben selbstbestimmt. Der zweiten Phase gehören die Menschen an, die physische oder mentale Eingrenzungen erfahren, deren Bewegungsradius, Aktivitäten und Möglichkeiten einer Selbstbestimmung graduell abnehmen. Aber sie unterliegen (noch) nicht der völligen geistigen und/oder körperlichen Immobilität. Die dritte Phase ist die, in der das selbstbestimmte Leben umfassende Beschränkungen erfährt. Körper und/oder Geist haben sich dem eigenen Willen und seiner Verfügungsgewalt zunehmend entzogen. Es gibt kaum mehr Bewegungsfreiheit. Der Mensch ist tendenziell ganz auf die Pflege durch Dritte angewiesen. In der Regel ist diese Phase der totalen Pflegebedürftigkeit absehbar die letzte. In ein Leben zuvor geht es nicht mehr zurück. Das Sterben steht an. Die Pflege begleitet den Menschen in den Tod.

Selbstverständlich hat diese allgemeine Verlängerung und deutliche Gliederung des Alters zur Folge, dass in jeder der drei Phasen von den Betroffenen relativ eigene Anforderungen gestellt werden. Die »jungen Alten« in der ersten Phase wollen ganz bestimmt nicht mehr als die zu betreuenden, mit Kaffee, Kuchen und Kinderflötenspiel zu unterhaltenden Senioren behandelt werden. Die soziale Altenhilfe hat viele Jahrzehnte solche »Seniorennachmittage« gestaltet – wobei die Angebote durchaus der Nachfrage entsprachen. Diese »jungen Alten« sind heute selbst die Subjekte ihres Programms. Es sei denn, kommerzielle Anbieter, für die sie sich entscheiden, versorgen sie »all inclusive« auf Traumschiffen, Kulturreisen und in Wellness-Hotels. Diese Gruppe der Senioren ist als Konsumentenzielgruppe von enormer wirtschaftlicher Bedeutung. Aber auch im zivilgesellschaftlichen Engagement, als Ehrenamtliche in den Vereinen, als unverzichtbare Akteure in jeder Kirchengemeinde, jüngst auch in der Flüchtlingsarbeit. In der zweiten Gruppe der zum Teil Eingeschränkten geben die alten Menschen meist ihre Selbstbestimmung so lange wie möglich nicht auf. Auch sie sind konsumrelevant. Den aufbrechenden Defiziten entspricht ein riesiges Angebot an therapeutischen, unterstützenden und mildernden Produkten, die weit über den eigentlich medizinischen Bereich hinausgehen. Alles zielt darauf, die Spuren des Alters zu kaschieren und eine weitgehende Normalität des Alltags zu ermöglichen. Den Pflegebedürftigen in der dritten Phase helfen keine Kaffeefahrten und auch keine Volkshochschulkurse oder kirchliche Treffen in Gemeindehäusern mehr. Ehrenamtliche können jetzt nur noch in Form einer aufsuchenden Hilfe begleiten und sich darum bemühen, mit ergänzenden Angeboten die Situation der Gebrechlichen zu verbessern. Eine notwendig gewordene, professionelle medizinische und pflegerische Betreuung ersetzen können sie aber nicht. Die »Marktrelevanz« dieser dritten Gruppe liegt vor allem bei den Kranken- und Pflegeversicherungen, bei Wohlfahrtsverbänden, Krankenhäusern, Pflegediensten, Altenheimen und Hospizen.

Durch die erhöhte Lebenserwartung ist insgesamt die Zahl der Alten mächtig angestiegen, also auch die Zahl der Pflegebedürftigen. In diesem Kapitel richte ich den Fokus auf sie: auf Menschen, die wie Neugeborene ganz und gar auf andere angewiesen sind, auf Pflege, Ernährung, Medizin, Zuneigung. Nicht, um gut ins Leben zu kommen, sondern um es gut abzuschließen. Gut heißt hier wie bei den Kindern: menschenwürdig. Um es vorwegzunehmen: Um die Würde dieser Gebrechlichen und Sterbenden steht es schlecht.

Die Lüge der Machbarkeit

Die gesetzlich vorgeschriebene Pflegeversicherung hat die Situation vieler Familienangehöriger von Pflegebedürftigen finanziell verbessern und die menschlichen Belastungen teilweise mildern können. Ein wichtiger Fortschritt. Immerhin leisten in unserer Gesellschaft die Familien den Großteil der Pflege, wenn auch mit abnehmender Tendenz. Ambulante Dienste unterstützen sie. Sie übernehmen den Teil, der nur oder deutlich besser durch professionelle Kräfte zu erledigen ist.

Die Sozialforschung kündigt aber an, dass sich der Anteil der durch Familienangehörige erbrachten Pflege in den nächsten fünfzehn Jahren halbieren wird. Es ist nicht auszudenken, was das an Folgen nach sich ziehen dürfte. Unsere Pflegesysteme sind heute bereits personell und wirtschaftlich vollkommen überlastet. Es wird also erhebliche Auswirkungen auf die Würde von Pflegebedürftigen und Sterbenden haben, wenn Personalmangel und Kostendruck weiter steigen. Aus diesem Grund müssten schon lange alle Bemühungen des Staates und der Gesellschaft darauf gerichtet sein, pflegende Angehörige zu unterstützen und zu entlasten. Auch ist es zwingend erforderlich, die Einstellung innerhalb der jüngeren Generation dahingehend zu beeinflussen, dass sie für ihre eigenen Eltern selbstverständlich da sind, wenn Pflege erforderlich wird. In diesem Sinne eine solidarische Kultur zu pflegen und zu fördern, ist Aufgabe von Staat und Gesellschaft. Im Letzten ist es Ausdruck eines Interesses am Selbsterhalt unseres Lebenssystems.

Da muss es mehr als irritierend anmuten, wenn ein zuständiger Bundesminister vor laufenden Fernsehkameras betont, er werde seine Eltern nicht pflegen, und gottlob würden es seine Eltern auch nicht erwarten. Würde dieses prominente Beispiel im Staatswesen Schule machen und Mainstream in der Haltung der Bürger, wäre unsere Gesellschaft bald unweigerlich am Ende. Es zeigt, selbst in staatliches Umfeld und in konservative Eliten ist noch nicht intellektuell vorgedrungen, dass der Staat unmöglich substituieren kann, was die Gesellschaft im Bereich der Versorgung und Pflege Schwerstkranker zu leisten imstande ist. Der Staat darf in keinem Fall diesen Eindruck erwecken, weil er falsch ist und schädliche Grundeinstellungen fördert. Dennoch wird die Lüge der Machbarkeit aufrechterhalten, nicht zuletzt aus wahlstrategischem Kalkül. Ein skandalöser Sündenfall der Vernunft, der der weiteren Erosion an den Fundamenten unserer Gesellschaft Vorschub leistet. Von den Folgen auf die Würde der Betroffenen ganz zu schweigen.

Pflegeheime werden zu Hospizen

Durch den gesellschaftlichen Wandel und die neuen Möglichkeiten einer häuslichen Versorgung von Alten und Pflegebedürftigen ergibt sich eine Veränderung in der Situation der Altenheime. Die alten Menschen kommen später ins Heim, weil eine Versorgung im gewohnten Umfeld länger möglich ist. An sich eine gute Entwicklung. Das bedeutet aber, dass die alten Menschen erst dann in ein Altenheim umziehen, wenn die Pflege zu Hause nicht mehr möglich ist. Die in diesen Heimen zu Pflegenden sind also immer häufiger »schwere Fälle«. Sie brauchen eine intensive medizinische und pflegerische Betreuung und Zuwendung. Auch ihre Verweildauer bis zum Tod in den Häusern verkürzt sich massiv. Mit der neueren Entwicklung wurden die Altenheime erst zu Pflegeheimen und dann tendenziell immer mehr – auch wenn das nicht pauschal auszusagen ist – zu »verlängerten Hospizen«.

In den beiden katholischen Seniorenheimen in Bad Godesberg – daneben gibt es elf Häuser anderer Träger – schätzen wir den Altersdurchschnitt der Bewohner inzwischen auf 90+ Jahre. Die Demenzquote der Bewohner beträgt zwischen 80 und 85 Prozent. Die zeitgleiche Intensivpflege mehrerer Sterbender auf einem Wohnbereich ist eine konstante Herausforderung. Viele Bewohner bleiben nur wenige Monate oder gar Wochen. Zwischen einem Drittel und der Hälfte von ihnen stirbt innerhalb eines Jahres. Der Tod ist ständiger Gast in den Häusern. Die daraus sich gravierend verändernden Anforderungen an die Mitarbeiterinnen und Mitarbeiter solcher Häuser ist mit etwas Phantasie leicht vorstellbar. Oder auch nicht?!

Mitarbeiter/innen im Pflegedienst sind heute die alltäglichen Diagnostiker der ihnen anvertrauten Menschen: Was ist medizinisch zu tun, was ist vielmehr eine psychologisch begründete Notsituation? Woher kommen Unruhe, Ängste, Aggressionen und Depressionen? Braucht es zusätzliche Interventionen, muss ein Arzt hinzugezogen werden? Das sind alltägliche Fragen. Sie fordern beständige Aufmerksamkeit und bedeuten hohe Verantwortung. Selbstverständlich kommen die pflegerischen Standards hinzu: Körperhygiene und Ernährung – unter meistens erschwerten Bedingungen bei diesen Bewohnern. Das verlangt harten körperlichen Einsatz und viel Geduld. Die Pflegenden werden darüber hinaus immer häufiger gerufen, um den Schwerstkranken und Sterbenden menschliche Nähe und Sicherheit zu vermitteln. Es gibt niemanden sonst, der das tun könnte. Eine extreme seelische und mentale Herausforderung!

Insbesondere die Sterbebegleitung in Pflegeheimen stellt hohe Anforderungen. Sie findet unter vollständig anderen Rahmenbedingungen statt. Die Sterbenden sind meistens demenziell erkrankt und zeigen gleichzeitig mehrere Krankheitsbilder. Die Medizin spricht von multimorbiden Situationen. Die Pflegekräfte müssen also eine komplexe Situation im Blick behalten und auf eine Vielzahl von Symptomen reagieren. Dabei ist eine sprachliche Verständigung mit den Sterbenden erschwert oder ganz unmöglich. Sie müssen Formen nonverbaler Kommunikation entwickeln, die für jeden Bewohner anders sein können. Durch Demenz eingeschränkte Menschen haben Schmerzen, Ängste, Gefühle, Bedürfnisse, auch Aggressionen wie jeder Mensch. Aber sie zeigen sie oft anders und verschlüsselt. Jetzt ist eine ausgeprägte Sensibilität und spezielle Aufmerksamkeit für artikulierte Laute, Zeichen, Körpersprache und Mimik gefordert. Zu erahnen, was der Bewohner braucht und wünscht, und ihm ein würdiges Sterben zu ermöglichen, ist schwierig.

Die in der Pflege Tätigen sind also neben allem anderen Gesellschafter, Familienersatz, Bezugsperson, nicht selten auch Quasiersatz für Sterbebegleiter, Seelsorger und Arzt. Das sich daraus ergebende Übermaß an physischer Beanspruchung und psychischer Belastung hat zur Folge, dass sich viele Pflegende ihrem Beruf nicht mehr gewachsen fühlen. Sie stellen fest, dass die Ideale, die sie einmal zu ihrem Beruf geführt haben, kaum mehr zu leben sind. Man hat sie zu Arbeitern in einer Pflegemaschinerie herabgewürdigt, die dem Menschen nicht mehr gerecht wird. Diese Feststellung fördert verständlicherweise ein erhebliches Maß an

Frustration, wirkt demotivierend. Hinzu kommt, dass der beträchtliche Mangel an Pflegekräften zu ständigen Unterbesetzungen beim qualifizierten Pflegepersonal führt. Überstunden und die Kompensation von fehlendem Personal durch Mehrarbeit werden immer mehr zur Regel. Nicht wenige reagieren auf diesen Dauerstress mit einer erhöhten Krankheitsrate und fallen für längere Zeiträume aus. Andere reduzieren ihre Arbeitszeit oder wechseln den Beruf. Der beständige Umgang mit oft Multimorbiden und Demenzkranken, die fortwährende Begleitung von Sterbenden, oft über lange Zeiträume, sowie ihrer Angehörigen und die tägliche Konfrontation mit Tod und Trauer fordern ihren Tribut.

Hinzu kommt, dass die Gehälter im Pflegedienst in keiner Relation zur Beanspruchung der Mitarbeitenden stehen. Es ist eigentlich beschämend zu sehen, was der finanzielle Ausgleich für die kraftzehrende Arbeit ist, die an der Seite der Alten und Sterbenden in der Pflege geleistet wird. Der stetig steigenden Anforderung an die pflegenden Berufe steht keine angemessene Steigerung ihrer Gehälter gegenüber. Der wachsenden Nachfrage nach Mitarbeitern in dieser Berufsgruppe entspricht in keiner Weise ein Angebot an finanziellen und sonstigen Anreizen. Das Gesetz von Angebot und Nachfrage, das sonst die Marktwirtschaft bestimmt, ist hier ausgesetzt. Wen wundert es da, dass die Attraktivität dieses Berufes nachlässt und damit der Fachkräftemangel, der ohnedies bereits besteht, weiter wächst?!

Seit Langem ist ein verheerender Kreislauf in Gang gesetzt, der eine Lösung immer schwieriger macht. Begründet wird das in unserer Wohlstandsgesellschaft mit der Kostenseite. Das grenzt an Perversion, wenn man die Wirkung im Blick hat, die dies unmittelbar auf Pflegebedürftige und Pflegende entfaltet. Was wir mit Blick auf die Erzieher/innen in Kindergärten und Schulen bereits im vorausgegangenen Kapitel als neue Entwicklung festgestellt haben, hat im Bereich der Altenpflege bereits lange Tradition. Ein Beruf wird verformt und brennt aus. Gegen alle Fakten suggeriert man weiter, es sei möglich, die vielen medizinischen, pflegerischen und menschlichen Anforderungen, die eine humane Versorgung der alten Menschen bis zum Tod verlangt, vollständig in einer institutionellen Form von Pflege in unseren Pflegeheimen zu leisten. Das wird nicht der Fall sein, es sei denn, man würde völlig neue Prioritäten setzen und die notwendigen Finanzmittel zur Verfügung stellen. Das aber will man dem Bürger politisch genauso wenig zumuten wie die Infragestellung seines Lebensmodells, dass soziale Absicherung und Pflege im Alter auch ohne tragfähige Bindungen in Familien und festen Netzwerken möglich sei. Die Lüge der Machbarkeit!

Die politische »Lösung«: Mehr Personal für die Pflege

Die Realität lässt sich längst nicht mehr vertuschen. Medien und Öffentlichkeit wissen: Der Druck im Kessel der Pflege ist hoch. Das System steht vor dem Kollaps. Überall wird darüber diskutiert. Viel zu spät wird erkannt, dass es schon lange neue Konzepte und nachhaltige Planungen braucht. Ein Lösungsansatz scheint naheliegend und wird politisch schnell aufgegriffen: Es braucht mehr Personal. Falsch ist das nicht. Es stellt sich nur die Frage, woher die von der Politik 2018 versprochenen zunächst 8.000, dann 13.000 und dann noch mehr zusätzlich finanzierten Mitarbeiter in der Pflege kommen sollen? Es sind bereits Zehntausende von Stellen unbesetzt und die Nachwuchszahlen reichen bei Weitem nicht aus. Keine Überraschung bei der geringen Attraktivität des Berufs und angesichts geringer Geburtenraten. Es besteht in vielen Altenheimen eine fast dauerhafte Unterbesetzung bei den Fachkräften.

Vielerorts wird der Alltagsbetrieb nur durch Fremdfirmen aufrechterhalten. Daraus ist ein großer Markt an Billiglohnkräften entstanden. Hier werden zunehmend Pflegekräfte aus dem Ausland vermittelt, auf die auch die Politik zurückgreifen will. Ein fragwürdiger Ansatz! Oft bringen sie keine oder nur sehr geringe Deutschkenntnisse mit. Das ist in diesem Beruf, zu dem eine intensive Kommunikation gehört, ein echtes Defizit! Das wirkt sich nicht nur auf die vorgeschriebene Dokumentation relevanter Daten der Heimbewohner, sondern auch im direkten Kontakt mit ihnen aus. In diesen Arbeitsverhältnissen herrscht zudem große Fluktuation. Eine gerade für Demenzerkrankte bedeutsame Bezugspflege – möglichst immer dieselben Pflegekräfte kümmern sich um dieselben Menschen – wird damit zur Farce. Die kollegialen Bindungen unter den Mitarbeitenden leiden. Selbstverständlich kann ein Pflegeheim dauerhaft nur gut geführt werden, wenn der Träger auf eine konstante Mitarbeiterschaft zurückgreifen kann. Eine solche gibt dem Haus Profil, identifiziert sich mit dem Pflegekonzept und nimmt Verantwortung wahr. Ohne einen gemeinsam getragenen »Geist« der Pflegeeinrichtung kann man Pflege vielleicht noch technisch leisten, menschenwürdig auf Dauer nicht.

Um etwas Druck aus dem Kessel zu nehmen, stellen manche Altenheimträger jetzt auch Hilfskräfte ein, um Pflegerinnen und Pfleger zu entlasten und Kosten zu reduzieren. Auch aus der Politik kommen solche Ideen. Servierkräfte beispielsweise übernehmen das Anreichen von Essen. Dabei verkennt man allerdings eklatant, dass eine solche Unterstützung bei den Mahlzeiten keine beiläufige Tätigkeit, sondern gerade bei demenziell Erkrankten und schwer Pflegebedürftigen Teil einer qualifizierten Pflege ist. Der Betroffene kann sich leicht verschlucken, braucht möglicherweise eine spezielle Lagerung. Er hat Angst, weil er nicht einschätzen kann, ob er dem vertrauen darf, der ihm etwas in den Mund zuführt. All das zeigt: Wir sprechen hier nicht vom »Füttern«, das jeder kann, sondern von einer Pflegeleistung, die Qualifikation und eine vertrauensvolle Beziehung voraussetzt. Also sind die gedachten Hilfskräfte wohl kaum eine echte, eher eine technokratische Lösung.

Bei näherer Betrachtung ist ehrlich festzustellen: Das Pflegesystem steht nicht vor dem Kollaps. Es ist bereits kollabiert. Einfache Lösungsansätze wird es nicht mehr geben. Politische Programme, die den Eindruck erwecken, diesem Dilemma ließe sich perspektivisch mit der zusätzlichen, sogar kurzfristigen Einstellung von Pflegepersonal entgegenwirken, täuschen über die Wirklichkeit hinweg. Es wird die erforderliche Anzahl qualifizierter Kräfte nicht geben können. Auch wird man nicht solche Anreize setzen können, die junge Menschen in erhöhter Zahl motivieren, die entsprechende Ausbildung zu absolvieren. In der starken Konkurrenz um Fachkräfte bei den wenigen jungen Menschen besitzen andere Berufe eine weit höhere Attraktivität. Sie bieten bessere Arbeitsbedingungen, Gehälter und Aufstiegschancen. Wir stehen auch hier vor einer Lüge der Machbarkeit. Sie ist im günstigen Fall nicht politische Strategie, sondern Resultat einer Verweigerung vor der Wirklichkeit und ihren Folgen. Ein Tabu.

Spezialisierung in der Pflege: Palliative Begleitung

Wir haben in Bad Godesberg mit den Verantwortlichen in beiden kirchlichen Alten- und Pflegeheimen die Situation ähnlich wie beschrieben nüchtern analysiert. Daraus ergab sich die Frage, was wir tun können. Vielerorts wird versucht, mit Ehrenamtlichen Entlastung zu schaffen. Auch wir freuen uns über jede »Grüne Dame« und auch jeden Herrn, die Besuchsdienste machen, mit Bewohnern im Gespräch sind, sie begleiten, Zeit für sie haben. In unserer Analyse mit Blick auf die Notwendigkeiten wurde uns aber schnell deutlich, dass das intensivierte Ehrenamt keine wirkliche Lösung der Probleme bedeutet. Schwere körperliche Arbeit, Auseinandersetzung mit Demenz, Diagnose und Bekämpfung von Schmerzen, würdevolle und kompetente Begleitung in den Tod kann nur sehr begrenzt mit aufmunternden Worten und Weiterbildungen an Ehrenamtliche vermittelt werden. Die Schwerstpflegebedürftigen und Sterbenden brauchen, weil die Aufgaben so komplex sind, zusätzliche professionelle Begleitung. Ihnen können dann Ehrenamtliche mit ihren Möglichkeiten und ohne schlimme Überforderungen beistehen.

Es war schnell klar, dass es eine besondere Hilfe sein würde, wenn es uns gelingen könnte, eine Pflegekraft zusätzlich einzustellen, die über eine erweiterte Kompetenz verfügt, wenn es um die Diagnose und Behandlung von Schmerzen bei demenziell Erkrankten und Sterbenden geht. Es brauchte eine Fachkraft mit einer guten Zusatzqualifikation in Palliativpflege. Sie sollte nicht in die normalen Arbeitsabläufe der Pflege eingebunden sein, sondern für die Bewohner zusätzlich da sein, die Schmerzen artikulieren oder sich auf ihren letzten Weg begeben.

Daraus entstand das Konzept des »Integrierten Hospizes«. Seine Zielsetzung ist es, dem Bewohner durch eine zusätzliche Pflege und Begleitung ein Abschiednehmen vom Leben in der gewohnten Atmosphäre seines Zimmers oder seiner Wohnung zu ermöglichen. Jeder soll die palliative Hilfe erhalten, die Schmerzen oder andere Symptome lindert und eine höhere Lebensqualität ermöglicht. Ziel ist auch, ein Verständnis dafür zu vermitteln, dass der Tod ein Teil des Lebens, damit auch des Altwerdens und des Alltags in einem Pflegeheim ist.

In unseren zwei Häusern haben wir jetzt jeweils eine zusätzliche Palliativschwester. Sie lernt alle Bewohner bereits in der Zeit ihres Einzugs kennen. In einer ruhigen Stunde wird mit ihnen über ihre persönlichen Vorstellungen und Wünsche gesprochen. Offen wird thematisiert, welche Möglichkeiten wir in der Begleitung auf dem letzten Weg bieten. Das wird von den Bewohnern in der Regel nicht als Zumutung verstanden, wie man meinen könnte. Vielmehr nehmen sie es dankbar an und empfinden es als Entlastung. Die Menschen wissen, dass sie sterben müssen. Tabuisierung hilft ihnen nicht. Wenn sie erfahren, dass sie die Dinge – wie weit soll die medizinisch-technische Hilfe gehen, wer ist zu rufen, was ist für sie persönlich unbedingt zu beachten? – nach eigenen Vorstellungen regeln können, beruhigt sie das. Sie wissen zu schätzen, dass auch die letzten Dinge fürsorglich im Blick sind. Den Fachkräften hilft die schriftliche Niederlegung dessen, was sich die Bewohner für ihren Sterbeprozess wünschen, später entsprechend zu handeln.

Die »integrierten Hospize«, die wir ab 2006 aufgebaut haben, sind mittlerweile ein Qualitätsmerkmal unserer Sorge um alte und pflegebedürftige Menschen und ein viel beachtetes Alleinstellungsmerkmal beider Altenheime geworden. Mit dem Beginn dieser hospizlichen Arbeit ging die Gründung kleiner Klostergemeinschaften einher. Ordensschwestern aus Indien sind seitdem in beiden Häusern tätig. Die Ordensfrauen genießen einen besonderen Vertrauensvorschuss, gerade bei den Demenzkranken. Nicht zuletzt ihre Mentalität ermöglicht ihnen einen leichten Zugang zu den Menschen. Sie verstehen sie. Sie können Wahrheiten sagen, die akzeptiert werden. Sie verbinden pflegerische und palliative Kompetenz selbstverständlich mit ihrer menschlichen und seelsorglichen Zuwendung. Sie schenken Nähe, auch Zärtlichkeit. Diese Erfahrung ist uns Bestärkung darin geworden, weitere Ordensgemeinschaften einzuladen und sie darum zu bitten, uns in unseren geistlichen, menschlichen und sozialen Aufgaben zu unterstützen. Sowohl in den Kindergärten, den caritativen Einrichtungen als auch bei der Begleitung und Pflege von Kranken, Pflegebedürftigen und Sterbenden. Inzwischen gibt es dreizehn Klöster mit Ordensleuten in Bad Godesberg.

Für das Konzept des »Integrierten Hospizes« reichen aber die zusätzlichen Palliativschwestern allein nicht aus. Es braucht außerdem ein Netzwerk mit Fachärzten, die von den Palliativschwestern angesprochen werden können und mit denen sie fachlich zusammenarbeiten. Üblicherweise werden Altenheimbewohner von ihren bisherigen Hausärzten betreut. Wenn aber der Hausarzt keine große Erfahrung in der Betreuung von demenziell und multimorbid erkrankten Patienten im Endstadium und der Behandlung von Schmerzen hat oder ungern Hausbesuche macht, beispielsweise weil sich seine Praxis in größerer Entfernung befindet, dann hat der Bewohner das Nachsehen. Er bekommt nicht die Hilfe, die nötig wäre! Die Palliativschwester erkennt solche Defizite, nimmt Kontakt mit den Hausärzten auf oder stellt, wenn nötig, Verbindung zu einem anderen Arzt her. Perspektivisch wird das nicht ausreichen. Die Begleitung von Heimbewohnern mit ihren spezifischen Anforderungen verlangt auch nach zusätzlicher Qualifikation unter den Ärzten. Der Facharzt für das Altenheim wäre hier eine Möglichkeit.

Besonders wichtig ist der Einsatz der Palliativschwester in akuten Situationen und der finalen Phase des Sterbens. In medizinischen Krisensituationen geschieht es in den Altenheimen sehr oft, dass Hausärzte oder in Stellvertretung der Notarzt gerufen und Bewohner umgehend ins Krankenhaus überwiesen werden. Dort kommen sie auf eine Intensivstation oder häufig auf die gerontologische Station.

Für den demenziell Erkrankten bedeutet diese Veränderung weitere Angst. Es kommt zu zusätzlicher Unruhe, auch Aggression. Auf die wird mit ruhigstellenden Medikamenten reagiert. In den Krankenhausstationen fehlt die Zeit, sich den fremden Patienten intensiver zuzuwenden. Im Ganzen ist das für alle Beteiligten eine unbefriedigende Situation. Dennoch findet für 80 Prozent aller in einem Pflegeheim Lebenden das Sterben so statt: im Krankenhaus. So wie es keiner will. Trostlos und, wie sich zeigt, unnötig! Warum muss ein Altenheimbewohner noch einmal die ihm vertrauten Menschen und seine persönliche Umgebung verlassen? Man könnte ihm auch dort die entsprechende Versorgung ermöglichen und ihn bis zum letzten Atemzug begleiten. Pflegerische Kompetenz gibt es auf den Wohnbereichen genug. Warum muss in vielen Situationen noch Intensivmedizin sein, die das Leben oft nur kurz verlängert und das Sterben nicht verhindern kann? Abschied nehmen vom Leben wäre würdiger im Pflegeheim – und das ist in fast allen Fällen auch ohne Weiteres möglich, wenn eine palliative Versorgung gewährleistet ist.

Die Palliativschwester im »Integrierten Hospiz« kommt hier deshalb besonders wirkungsvoll zum Einsatz. Den behandelnden Ärzten und auch dem Pflegepersonal bietet sie die Garantie einer optimalen und zusätzlichen Versorgung der Sterbenden. Niemand muss juristische Folgen fürchten, weil ihm Angehörige wegen einer nicht vorgenommenen Krankenhauseinweisung eine unterlassene Hilfeleistung zum Vorwurf machen könnten. Der Patient ist gut versorgt und die Palliativschwester im ständigen Kontakt mit dem Arzt. So konnten in unseren Häusern die Einweisungen von Bewohnern ins Krankenhaus um 70 Prozent reduziert werden! Ein zentrales Ziel ist erreicht. Die Mehrheit der Bewohner stirbt, wie sie es wünschen: im gewohnten Umfeld. Und liebevoll begleitet. Das hat auch Bedeutung für das

Pflegepersonal, das die Heimbewohner über einen längeren Zeitraum betreut hat. Sie können sich an der Begleitung der ihnen Anempfohlenen bis zum Tod beteiligen und persönlich Abschied nehmen. Für viele in der Altenpflege Tätigen ist es frustrierend und demotivierend zu wissen, dass »ihre alten Menschen« in Krankenhäusern sterben.

Zum Verständnis der »Integrierten Hospize« gehört auch, dass regelmäßige Angebote zur Weiterbildung für alle Mitarbeitenden der Altenheime organisiert werden. Es sollen nicht nur die Fachschwestern, sondern möglichst alle über palliative Kompetenz verfügen. Nur so wird die Hospizidee ein integraler Bestandteil der gesamten Pflege eines Hauses. Entsprechend stehen die Entwicklung der Schmerztherapie, die Möglichkeiten der Symptombehandlung und die Methoden einer guten Gesprächsführung und Kommunikation auf dem Fortbildungsprogramm.

Hilfe für die Helfenden

Die Idee des »Integrierten Hospizes« berücksichtigt zudem, dass menschliche Zuwendung für Sterbende nicht nur eine Angelegenheit von Fachkräften oder Angehörigen sein muss. Menschlichkeit ist nicht das Privileg bestimmter Berufe. Die Begabung zur Menschlichkeit ist vielen gegeben, man muss es nur wissen, fördern und zulassen.

Es gehört daher zur zentralen Aufgabe der Palliativschwester, Angehörige zu befähigen, ihre Sterbenden selbst zu begleiten. Vielen macht die Situation des Sterbeprozesses mit ihren Symptomen und Begleiterscheinungen Angst. Zudem heißt es für sie, von einem Menschen Abschied zu nehmen, mit dem sie sich verbunden fühlen. Das fordert auf zusätzliche Weise heraus! Die Nähe und der Zuspruch einer Palliativschwester ermutigen hier und helfen, dass die Angehörigen ausharren und die Aufgabe der Begleitung wahrnehmen. Dem Sterbenden wird ermöglicht, so zu sterben, wie er es sich gewünscht hat, an der Seite vertrauter Menschen.

Selbstverständlich sind die Palliativschwestern auch beauftragt, ehrenamtliche Helfer zu gewinnen und sie unterstützend zum Einsatz zu bringen. Allein den Dienst in Tagen und Nächten am Bett Sterbender zu verbringen, wäre unmöglich. Es braucht die ehrenamtliche Hilfe, besonders dort, wo Sterbende alleine stehen oder sich die Angehörigen nicht in der Lage sehen, den Weg zu begleiten.

Für die Begleitung der Schwerstpflegebedürftigen und Sterbenden ist es zudem hilfreich, die Mitarbeitenden im Blick zu haben, die nicht unmittelbar in der Pflege tätig sind. Fatma beispielsweise ist als Reinigungskraft in einem unserer Pflegeheime tätig. Sie kommt aus der Türkei. Jeden Tag geht sie in die Zimmer. Wischt sie durch. Sie sieht die Bewohner, hat zumindest kurzen Blickkontakt. Fatma hat mit den alten Menschen zu tun, bleibt aber meistens distanziert. Die Sensibilisierung durch eine Fortbildungsmaßnahme hat ihr bewusst gemacht, welche Chance in solchen kurzen Begegnungen liegt. Seitdem scheint die Distanz durchbrochen. Zu einigen Bewohnern hat sie inzwischen persönlichen Kontakt aufgenommen. Kurze Gespräche entwickeln sich, manchmal auch eine stumme Kommunikation. Vertrauen wächst und Sympathie. Fatma erfährt die Bedürfnisse der Bewohner, sie nimmt Veränderungen wahr und erlebt schließlich bewusst deren Sterben und Tod. Wenn jemand sich auf den letzten Weg macht, sitzt sie nicht selten an dessen Bett. Wenn er gestorben ist, nimmt sie bewusst Abschied. Fatma ist nicht mehr nur Reinigungskraft, sie ist unscheinbare Begleiterin. Damit gibt sie viel. Und es gibt ihr viel.

Ähnlich verhält es sich mit den Servicekräften in Küche und Speiseraum. Zunächst kommen Bewohner, solange sie können, und essen im gemeinsamen Speisesaal. Irgendwann bleiben sie weg. Dann ist ihnen vielleicht ein Tablett mit einer Mahlzeit aufs Zimmer zu bringen. Der Kontakt ist wieder da, aber anders. Dann geht auch das zu Ende. Im Haus verbreitet sich die Nachricht, der Bewohner sei gestorben. Den Mitarbeitenden an der Pforte geht es genauso: erst regelmäßige Gespräche, später gelegentliche Begegnungen, dann sehen sie den Bewohner nicht mehr.

Es macht Sinn, solchen Mitarbeitern eine Weiterbildung anzubieten, die Grundinformationen zu Krankheitsbildern wie Demenz und wie man auf sie angemessen reagieren kann vermittelt. Auch hilft es zu thematisieren, wie man mit dem Sterben so vieler Menschen persönlich umgehen kann. Eine immer wiederkehrende Begegnung mit dem Tod kann zum Abstumpfen führen. Wichtig aber ist, dass die Mitarbeiter mit Herz und Gefühl bei der Sache bleiben können und ihre innere Balance behalten. Die Mitarbeitenden sind dankbar für solche Angebote, gehen anders mit Krankheit und Tod um. Bewohner sind weniger allein. Natürlich geht es nicht darum, aus der Köchin eine zusätzliche Pflegekraft im Dienstplan zu machen! Es geht um eine Ermutigung zur Mitmenschlichkeit in einem System, das sie nötig hat.

Schmerzen lindern: Würde sichern und Pflege entlasten

Im Bereich der Alten- und Krankenpflege kommen kaum Schmerzmittel zum Einsatz. Man scheint nach dem zunächst einsichtigen Grundsatz zu verfahren, dass Altsein keine Krankheit und nicht an sich ein Prozess ist, der Schmerzen verursacht. Folglich ist eine Schmerzbehandlung keine vordringliche Aufgabe der Altenpflege. Untersuchungen der Universität zu Wien weisen jedoch nach, dass die Mehrzahl aller alten Menschen unter chronischen Schmerzen leidet.

Mit zunehmendem Alter steigt die Schmerzwahrscheinlichkeit in eklatantem Maße. Älter werden heißt also für die meisten Betroffenen, mit Schmerzen leben zu müssen und in Folge einen Teil der Lebensqualität einzubüßen.

Setzt man diese Feststellung voraus, dann muss es verwundern, dass weniger als vier Prozent aller alten Menschen schmerztherapeutisch behandelt werden. Im Ergebnis heißt das schließlich, dass man den meisten alten Menschen eine angemessene Behandlung ihrer Schmerzen vorenthält. Viele werden in ihren Selbstäußerungen nicht ernst genommen und in ihrem Schmerzempfinden für übersensibel gehalten. »Der stellt sich immer so an, das musst du nicht so ernst nehmen«, heißt es dann. Das betrifft besonders den Altersdementen: Er schreit nicht und verzieht das Gesicht nicht etwa, weil er Schmerzen hat, sondern weil es ein äußerlicher Ausdruck seiner geistigen Verwirrtheit ist – so jedenfalls bewertet es oft das Umfeld. Folglich setzt man in Alten- und Pflegeheimen gerne Placebos oder aber Beruhigungsmittel zur Schmerzbehandlung ein. Ein vollkommen unwürdiger und nicht hinnehmbarer Vorgang! Nicht selten werden die Schmerzen alter Menschen auch in Verbindung mit ihrer schlechten psychischen Verfassung gebracht. Eine Therapie erschöpft sich dann im guten Zureden.

Diese Beschreibung gibt mit wenigen Ausnahmen die vollkommen unzureichende Situation alter Menschen mit Schmerzen in Deutschland wieder. Daraus leitet sich die Forderung nach dem »schmerzfreien Alten- und Pflegeheim« als Standard ab. Eine geregelte schmerztherapeutische Versorgung alter Menschen – besonders auch dementer und schwerstpflegebedürftiger – gehört auf die Tagesordnung der Verantwortlichen für die Altenpflege. Alter und Pflege sind kein ausreichender Grund dafür, Schmerzen aushalten zu müssen oder in seinem Schmerzempfinden nicht ernst genommen zu werden. Zudem müsste durch eine auf

Demente spezialisierte Schmerztherapie ausreichend dafür Sorge getragen werden, dass Unverträglichkeiten mit der Vielzahl anderer verabreichter Medikamente vermieden werden und die Demenz noch steigernde Präparate nicht zum Einsatz kommen.

Für eine angemessene schmerztherapeutische Behandlung alter Menschen spricht darüber hinaus, dass sie durch eine Verbesserung des Wohlbefindens massiv die Versorgung und Pflege erleichtert. Ein wichtiger »Nebeneffekt« in Zeiten des Pflegenotstandes und einer ständigen Überforderung des Pflegepersonals!

Nicht zu vernachlässigen ist auch hier der Nutzen, den der Standard eines »schmerzfreien Alten- und Pflegeheims« und eine palliative und hospizdienstliche Betreuung für die Krankenkassen hätten. Auch wenn dafür eine zusätzliche Pflegekraft im Altenheim eingestellt wird, die sich speziell den an Schmerzen Leidenden zuwendet, würden sie in nicht unerheblichem Maße finanziell entlastet, weil eine viel kostenintensivere Versorgung und Behandlung in den Krankenhäusern vermieden würde.

Das »schmerzfreie Alten- und Pflegeheim« ist eine Vision, von deren Verwirklichung man in Deutschland weit entfernt sein dürfte. Die Würde des Menschen in allen Phasen seines Lebens und das Ethos der Medizin fordern jedoch, dass sie möglichst bald Realität wird. Das Konzept des »Integrierten Hospizes in der Altenpflege« kann als Modell und erster Schritt auch in diese Richtung verstanden werden. Hier wird eine schmerztherapeutische und palliative Versorgung der sterbenden Heimbewohner bis zum Tod gewährleistet. Alle Pflegerinnen des Heimes durchlaufen sukzessive eine entsprechende palliative Fortbildung. Das ist ein wichtiger Aspekt der Gesamtkonzeption. So werden im Altenheim die Früherkennung von Schmerzen, die wachsame Kontrolle über eine Schmerztherapie und mögliche

Nebenwirkungen sowie eine zuverlässige und verantwortliche Kooperation mit den behandelnden Medizinern möglich. Die Betreuung durch das »Integrierte Hospiz« gestattet damit Impulse zur Schmerztherapie und Behandlung aller Bewohner/innen, nicht nur der Sterbenden. Realität aber in den deutschen Altenheimen ist, dass viele Menschen unter Schmerzen leiden, die nicht sein müssen. Das grenzt juristisch an unterlassene Hilfeleistung und belastet die Pflegesituation erheblich.

Lorbeeren statt Umdenken

Im Jahr 2009 hat unser Integriertes Hospiz im CBT-Wohnhaus Emmaus in Bad Godesberg den Zukunftspreis der Altenpflege erhalten. Ein Auditorium von 400 Führungskräften in der Altenpflege wählte das Projekt der Bürgerstiftung Rheinviertel am Rande der Pflegefachmesse in Nürnberg aus drei nominierten Vorschlägen aus. Die Preisverleihung sollte ein politisches Zeichen setzen und anstoßen, dass die Idee »Integriertes Hospiz« als bundesweites Pilotprojekt zum Standard in der Altenpflege wird. Der Vorteil für das System war auch wirtschaftlich nachgewiesen. Die Einsparungen, die das »Integrierte Hospiz« durch die erhebliche Verringerung von Krankenhauseinweisungen ermöglicht, sind um ein Vielfaches höher als die Kosten, die der Einsatz einer Palliativschwester verursacht. Die Konsequenz aus diesem Projekt: Es ist möglich, eine Palliativschwester für jedes Altenheim in Deutschland einzustellen, ohne das Gesundheitssystem zu belasten! Ein Gewinn für die Würde der Sterbenden und die Pflegesituation! Seit der Preisverleihung mit viel Zuspruch aus der Politik sind nun viele Jahre vergangen. Schon vorher hatte die Bürgerstiftung Rheinviertel politische Gespräche aufgenommen und das Projekt den verantwortlichen Ministerien in Bund und Land vorgelegt. Auswirkung auf das System hat das nicht gehabt. Der Grund: Die großen Kostenersparnisse bei den Krankenkassen lassen sich nicht mit deutlich geringeren Mehrkosten bei den Pflegekassen gegenrechnen und untereinander ausgleichen. Theoretisch und praktisch wäre das leicht möglich. Man will es nicht. Pech für die Bewohner in den Altenheimen! Kaum zu glauben.

Ambulante Pflege und Begleitung

Gegenwärtig werden zwei Drittel aller Pflegeleistungen in Deutschland durch die Familien erbracht. Viele Menschen hegen den Wunsch, ihre letzten Tage und das Sterben nicht in einem Heim oder Krankenhaus zu erleben. Sie wollen in ihrer gewohnten Umgebung vom Leben Abschied nehmen, also zu Hause. Das ist mehr als verständlich. Oft aber schwer machbar.

Wenn ein Mensch nicht nur der normalen Pflege bedarf, sondern schwer krank ist oder im Sterben liegt, können Angehörige auch mit noch so viel Liebe vielfach nicht die notwendige Versorgung leisten. Auch ein ambulanter Pflegedienst zur Unterstützung der Familie stößt häufiger an seine Grenzen. Es braucht konstant eine professionellere Diagnose und eine beständige Anpassung in der Behandlung der Schmerzen und der Krankheitssymptome. Es fehlt zusätzliche fachkompetente Hilfe. Eigentlich bleibt in vielen finalen Situationen deshalb nur ein Krankenhaus, ein Pflegeheim oder das Hospiz. Krankenhäuser überweisen aus demselben Grund Patienten, die »austherapiert« sind, in eine stationäre Versorgung. Die letzten drei, vier Wochen der Lebenszeit finden dann in einem Heim oder Hospiz statt. Das Resultat: Der Wunsch so vieler, zu Hause sterben zu dürfen, erfüllt sich nicht.

Wir haben in Bad Godesberg, mit Hilfe der Bürgerstiftung Rheinviertel und dem Bonner Caritas-Verband, zusätzlich zu den Fachkräften in den beiden Altenheimen zwei Palliativschwestern für die ambulante Betreuung von Patienten daheim angestellt. Diese leisten Hilfe bei starken Schmerzen und schwerer Pflegebedürftigkeit sowie eine intensive Begleitung im Sterbeprozess. Sie arbeiten eng mit den Fachärzten in der Region zusammen. Neben der pflegerischen Begleitung gewähren sie menschliche und oft auch seelsorgliche Unterstützung. Sie hören zu, geben Rat, unterstützen die Angehörigen und Patienten mit allem, was ihnen einfällt. Sie sind selbst Mittelpunkt in einem Netzwerk von Ehrenamtlichen, die sie bei ihrer Arbeit unterstützen. Die beiden Palliativexpertinnen verstärken so das oftmals schon bestehende Team aus Angehörigen, Ärzten und Ehrenamtlichen. Erweiterte Kompetenz und Hilfe den Helfenden: Das macht nicht alles, aber sehr viel möglich.

Ein Beispiel: Eine alte Frau wohnt alleine in ihrer Wohnung in einem Mehrfamilienhaus mit zwölf Parteien. Man kennt sich in dem Haus eigentlich nicht. Man schläft nur parallel und grüßt sich vielleicht kurz im Treppenhaus. Angehörige hat die Frau, ebenso wie die wachsende Zahl Alleinstehender, keine. Sie wird schwerkrank, liegt im Krankenhaus. Es geht unerwartet auf ihr Ende zu. Sie muss also einen Pflegeplatz haben in einem Heim oder Hospiz. Aber sie weigert sich. Sie will unbedingt nach Hause. Wie soll das gehen? Eine unserer ambulanten Palliativschwestern spricht mit ihr und bewertet die Situation. Dann geht sie am Abend in das Wohnhaus der Patientin. Sie klingelt an jeder Wohnungstür. »Ihre Nachbarin ist sehr krank, sie liegt sterbend im Krankenhaus«, erklärt sie. »Sie möchte aber nicht ins Heim, sie will zu Hause sterben! Wir wollen das möglich machen. Wären Sie bereit, dabei zu helfen? Ich werde Sie unterstützen.« Die Reaktion an jeder Tür: erst Befremden. Dann aber – bei allen! – die Zusage: Ja, das machen wir. Die Sterbende wird tatsächlich aus dem Krankenhaus in ihre Wohnung gebracht. Die Palliativschwester organisiert die Angebote der Nachbarschaft, den Einsatz des ambulanten Pflegedienstes, die ärztliche Versorgung und ihren eigenen Dienst. Nachbarn teilen sich ein, die Wohnung der Frau sauber zu halten. Andere kochen abwechselnd das Essen, gehen in den Supermarkt einkaufen, zur Apotheke, zum Bäcker und bringen auch mal Blumen mit. Einige wechseln sich ab, in den Nächten regelmäßig nach der sterbenden Frau zu sehen. Alle stehen im Kontakt mit der Palliativschwester, die sie jederzeit erreichen können. Klar, die Nachbarn konnten sich dem Appell an ihre Menschlichkeit, natürlich auch dem Charme der Krankenschwester nicht entziehen. In den wenigen Wochen wurde nun aus anonym Wohnenden eine Hausgemeinschaft. Ihre Nachbarin starb. Begleitet. Zu Hause. Die Hausnachbarn organisierten die Beerdigung und im Anschluss ein gemeinsames Traueressen. Jetzt feiern sie ab und zu gemeinsame Feste. Und wenn jemand aus der Hausgemeinschaft mal Sorgen hat, die Kinder oder die Blumen versorgt werden müssen, ist das kein Problem mehr. Aus der Begleitung einer Sterbenden erwuchs die Gemeinschaft Lebender.

Es gäbe viele weitere Beispiele anzufügen. Das Resultat ist beeindruckend. Jährlich ermöglichen wir so gut hundert Sterbenden und vielen ihrer Angehörigen einen Abschied vom Leben, wie sie es gewünscht haben: daheim.

WIR bezahlen!?

Unsere Zusatzangebote in der palliativen Begleitung Sterbender bezahlen nicht die Patienten. Die Finanzierung der zwei integrierten und der zwei ambulanten Palliativschwestern stellt unsere Stiftung sicher. Refinanzierungen durch die Kostenträger, Kranken- und Pflegeversicherung, die mit diesem Modell sehr viel Geld sparen, sind minimal. Etwa 15 Prozent der Leistungen der beiden Schwestern in der ambulanten Versorgung werden durch sie refinanziert. Für den Einsatz der Schwestern in den Altenheimen erhalten wir keine Zahlungen. Eine angemessene Wertschätzung der politisch Verantwortlichen und der Kostenträger im Gesundheitssystem bleibt aus! Das grenzt an Menschenverachtung. Bei den Bürgern ist das anders. Sie unterstützen die Projekte großzügig mit Spenden. Beispielsweise bei Beisetzungen bitten die Angehörigen regelmäßig anstelle von Kränzen und Blumen um eine Zuwendung für unsere Palliativdienste. Weil der Einsatz der vier Schwestern so sehr geschätzt und nicht selten unmittelbar in Verwandtschaft und Freundeskreis erlebt wird, ist die finanzielle Hilfe großzügig. Ich bin sicher, das gelänge auch an anderen Orten. Die Wahrscheinlichkeit, Krankheit, Alter und Sterben im eigenen Umfeld zu begegnen, ist hoch. Statistisch haben heute mehr Menschen eine Verbindung zu einem Alten und Sterbenden als zu einem Kind in Kindergarten oder Schule. Viele sind persönlich betroffen! Nicht wenige erfassen auch zunehmend, dass sie dieses Thema selbst einmal einholen wird.

Kurz:

Das System für Pflegebedürftige und Sterbende ist bereits kollabiert.

Die Situation der professionell Pflegenden in stationären Einrichtungen und ambulanten Diensten stellt Anforderungen, die zunehmend weniger zu leisten sind. Dadurch verstärkt sich der vorhandene Personalnotstand. Schwerstkranke und Sterbende werden immer mehr vernachlässigt.

Es fehlt an ausreichender Palliativversorgung, an notwendigem Pflegepersonal, an finanzieller Anerkennung für die Fachkräfte. Die Gesellschaft, die sich von den tragenden Familienstrukturen immer mehr verabschiedet, kann nicht ersetzen, was Angehörige in der Pflege leisten. Die Politik täuscht mit ihrer Lüge der Machbarkeit darüber hinweg.

Kollaps: Und was kommt dann?

Ich möchte dieses Kapitel nicht abschließen mit dem Eindruck, die Situation in der Pflege und der Betreuung Sterbender sei zwar gewissermaßen schlimm, aber mit ein paar Maßnahmen und Spenden ganz gut zu lösen. Noch einmal: Das Pflegesystem – das heißt: in der stationären und ambulanten Pflege der Menschen, noch nicht bei den Pflegekassen – ist bereits kollabiert. Wenn Sterbende Schmerzen aushalten müssen, die ihnen zu nehmen wären, während sie gleichzeitig eine hoch entwickelte Medizin technisch länger am Leben hält – alles eine Frage des Geldes! –, läuft ein System in die Irre. Dann haben Politik und Gesellschaft versagt.

Unter diesen Bedingungen ist es keine Überraschung, wenn Menschen darüber nachdenken, anstatt sich dem System und den Schmerzen auszusetzen, dem Leben vorher selbst ein Ende zu bereiten. Was – in der Entwicklung – als verantwortbare, ja empfehlenswerte »Erlösung« erscheint, ist in Wahrheit die zum moralischen Recht, sogar zur ethischen Pflicht verdrehte Resignation gegenüber unhaltbaren Zuständen. Die aber nicht sein müssten!

Die genannten Defizite existieren – mit wenigen Ausnahmen – flächendeckend in Deutschland. Ihre Reduzierung hätte zu beginnen mit der Anerkennung derer, die sich Tag für Tag an den Betten der Pflegebedürftigen und Sterbenden leidenschaftlich einsetzen. Respekt drückt sich nicht im Almosen einer mickrigen Erhöhung der Bezüge aus, für die sich die Politik feiert. Die Anerkennung muss den Aufgaben und Leistungen der Pflegeberufe angemessen entsprechen. Davon sind wir weit entfernt. Aber erst dann würde dieser Beruf attraktiv. Noch verdienen manche DAX-Vorstände an einem Tag so viel wie eine Altenpflegerin in einem Jahr. Das sage ich nicht, um gesellschaftlichen Neid zu schüren, sondern um den Irrsinn deutlich zu machen. Nette Worte genügen nicht mehr. Wahrgenommene Verantwortung, verbale Wertschätzung und materielle Entlohnung müssen endlich in einem angemessenen Verhältnis zueinander stehen!

Jeder ist mit dem Problem irgendwann konfrontiert. Die Tante, der Onkel, Vater, Mutter brauchen Pflege. Und wer dem konsequent den Rücken zukehrt, blendet aus, dass er selbst in absehbarer Zeit da liegen kann. Jeder weiß auch »irgendwie« vom Pflegenotstand. Klar ist: Die Einzelnen, die Ehe- und Lebenspartner von Pflegebedürftigen, die Familien können ihn nicht lösen. Er ist zu mächtig. Folglich gibt es keinen einfachen Ausweg, kein leichtes Rezept. Eine Perspektive gibt es nur, wenn WIR uns dem gemeinsam stellen: die neue Zivilgesellschaft als das konzertierte Miteinander von Staat und Gesellschaft. WIR stehen in der Pflicht. Nehmen WIR sie nicht an, holen WIR das System nicht aus dem Kollaps, gestalten WIR die Pflege nicht menschenwürdiger, steht zu befürchten, dass sich die Einstellung zu schwerer Pflegebedürftigkeit und Sterben gravierend verändert. Euthanasie könnte zur pragmatischen Lösung werden. In manchen Ländern ist der Weg dorthin schon fortgeschritten. Der Appell: Entsorgt euch selbst! Rettet euch vor dem würdelosen Tod! Fallt keinem zur Last! Wenn das so käme, wäre das die Kapitulation der Menschlichkeit. Ein humanitärer Rückschritt in Zeiten technischen Fortschritts. Der jedoch muss nicht sein! Wenn WIR die richtigen Prioritäten setzen!

Ein anderes ist schließlich noch bedeutsam. Davon ist wenig die Rede in den Debatten über Wege, wie der Pflegenotstand zu lösen und das Sterben in Institutionen zu organisieren seien. Der Tod nimmt nicht nur etwas, er gibt auch etwas. Die Begleitung Pflegebedürftiger und Sterbender ist nicht selten schwer und herausfordernd. Aber sie bietet auch gute Erfahrungen. Man erhält von den Menschen, die man liebevoll begleitet, oft viel zurück: Liebe, Vertrauen, Wissen. Schließlich bedeutet es eine große Genugtuung, wenn man von sich sagen kann, dass man einen Menschen dabei unterstützen durfte, sein Leben in Würde zu beschließen. Das wieder verstärkt im Bewusstsein der Bevölkerung zu verankern, würde bedeuten, Angehörigen und Familien Mut zu machen, sich der Pflege von Schwerstkranken und Sterbenden zu stellen. Ohne das wird es keinen gangbaren Weg aus dem Kollaps geben.

Forderungen:

1. WIR müssen wiederentdecken, welche Bedeutung die Familie und soziale Netzwerke für uns haben, wenn wir krank, alt, pflegebedürftig und Sterbende sind.

2. WIR müssen den in der Pflege Tätigen eine viel größere Wertschätzung entgegenbringen, die sich auch deutlich in ihrer Bezahlung widerspiegelt.

3. WIR müssen im Interesse der Menschenwürde Schwerstkranker und Sterbender das Pflegesystem durch zivilgesellschaftlichen Einsatz dort unterstützen, wo es besonders schwach ist. Das gilt verstärkt bei Schmerzen, schwerster Pflegebedürftigkeit und im Sterbeprozess.

4. WIR müssen darauf drängen, dass die Kostenträger aus den alten Systemen herausbrechen, damit eine adäquate und würdevolle Begleitung Schwerstkranker und Sterbender zur Regel wird.

4. KAPITEL

WIR HABEN ES GESCHAFFT
Flüchtlingshilfe als Lernerfahrung für die Gesellschaft

Als 2015 der große Zug der Menschen über die Grenzen Deutschlands auf den Bildschirmen erschien, wurde schnell klar, dass sich da eine gewaltige Herausforderung nicht nur auf Deutschland, sondern auf jede Kommune und Gemeinde im Land, auch auf unsere in Bad Godesberg zubewegte. Die Flüchtlinge würden untergebracht, mit Kleidung, Essen, täglichem Bedarf versorgt, medizinisch und psychologisch betreut werden müssen – das jedenfalls ging mir bei den Bildern durch den Kopf. »Wir müssen das jetzt irgendwie schaffen«, dachten viele. Den meisten standen dabei die unmittelbaren Anforderungen vor Augen. Mittel- und langfristige Aufgaben wie die Maßnahmen für eine gelingende Integration, die Aufnahme in den Arbeitsmarkt, die dauerhafte Unterbringung und nicht zuletzt die Frage nach den politischen Folgen für Staat und Gesellschaft schienen noch in weiter Ferne zu liegen. Jetzt ging es um humanitäre Ersthilfe, um das Notwendige. Alles Weitere konnte man später bedenken.

Der Satz der deutschen Bundeskanzlerin, Angela Merkel, »Wir schaffen das«, war als Appell und Aufmunterung zu verstehen. Er verstärkte in den meisten den ohnedies selbstverständlichen Eindruck, dass wir uns jetzt spontan den Herausforderungen stellen mussten. Wir konnten nicht erst monatelang in Gremien diskutieren, ob und wie wir sie annehmen wollen. Es war einfach so: WIR waren dran. Jetzt waren Humanität und Einsatz von allen in Staat und Gesellschaft gefordert. Es gab keine Alternativen. WIR mussten das schaffen.

Das Beispiel der neuen Zivilgesellschaft

Obwohl die Aufnahme von Migranten und Geflüchteten keine völlig neue Aufgabenstellung weder vor Ort noch landesweit war, standen wir vor etwas völlig Neuem. Allein die große Zahl der ankommenden Menschen machte bisherige Erfahrungen und Strukturen der Erstversorgung zwar nicht wertlos, aber wenig brauchbar. Sie waren deutlich zu klein dimensioniert. Die Größe der Herausforderung musste befürchten lassen, dass sie unser Land vollkommen überfordern würde. Diese Feststellung hätte zu Resignation und Kapitulation führen können. Genau das aber geschah erstaunlicherweise nicht. In dieser Krisensituation formierte sich mit großer Deutlichkeit und rettender Effizienz ein WIR, das es so in Deutschland bis dahin nicht gegeben hat. Eine Nation schien mehrheitlich in einem trotzigen Willen und Vorsatz vereint. »Wir schaffen das!« Das war eine Sternstunde in der Geschichte unseres Landes, von vielen in der Welt bewundernd zur Kenntnis genommen.

Dieses Phänomen verweist auf einen Lösungsansatz, der mit Blick auf andere Krisensymptome in Staat und Gesellschaft Bedeutung haben wird. Wenn nationale Probleme und Fragestellungen eine Größenordnung und Komplexität entwickeln, für die es keine einfachen Lösungen mehr gibt und zu deren Bewältigung einzelne Akteure nicht mehr ausreichen, helfen nur neue und umfassende Formen des Miteinanders und der Zusammenarbeit. Ein Kollaps kann vermieden werden, wenn es gelingt, die Menschen nicht zuletzt durch ehrliche Transparenz und überzeugende Appelle in dem gemeinsamen Interesse zu vereinen, genau diesen Kollaps zu verhindern. Das fordert, dass Separierungen und Abgrenzungen im Interesse des Ganzen überwunden und ein WIR entwickelt wird. Dann entsteht eine große Koalition gemeinsamer Anstrengung, in der alle gesellschaftlichen Kräfte und – ausdrücklich – auch der Staat zusammengeführt sind. Zur Folge hat das: Dem großen Problem, welches das System bis hin zum Kollaps gefährdet, steht eine bis dahin nicht gekannte, gebündelte Kooperation aller gegenüber. Ungeahnte Synergien werden frei. Kreativität entsteht. Neue Energien werden generiert. Eine bis dahin unbekannte Dynamik nimmt ihren Lauf.

Die Flüchtlingshilfe wird damit zum ersten nationalen Beispiel der neuen Zivilgesellschaft. Niemand hat sie vorher theoretisch so entwickelt oder als bewusstes Lösungsmodell praktisch auf den Weg gebracht. Sie hat sich »einfach« ergeben. Die spätere Entwicklung mit der extremen Polarisierung der gesamten Gesellschaft vermittelt nur noch den Eindruck, die Flüchtlingskrise habe Deutschland und nicht zuletzt auch Europa zutiefst gespalten und geschadet. Damit wird verdeckt, was die zentrale Lernerfahrung dieser historischen Herausforderung ist. Es gibt ein erfolgversprechendes Lösungsmodell für den Kollaps der Systeme: das WIR. Das ist nicht theoretisch konstruiert, sondern praktisch erwiesen. Wenn es uns gelingt, nach diesem Vorbild eine neue Zivilgesellschaft zu formen und den erheblichen Krisensymptomen in Staat und Gesellschaft wirkungsvoll im WIR zu begegnen, hätten wir nachträglich Grund, jedem Geflüchteten in unserem Land zu danken. Denn es war die Flüchtlingskrise, die uns gelehrt hat: Wenn WIR etwas wollen, schaffen WIR das. Schnell wird damit deutlich, wie tragisch, unverantwortlich und nachhaltig schädlich es ist, dass die radikalen Parteien und einzelne Personen alles daransetzen, das Verbindende in der Bevölkerung zu zerstören und die Gesellschaft zu polarisieren. Das erschwert die Integration der Geflüchteten, gefährdet den inneren Frieden und blockiert damit die zentrale Lösungskompetenz für die Probleme der Zukunft.

Die Entdeckung des WIR

Noch bevor die Flüchtlinge von den Erstaufnahmelagern auf dem Weg in die Kommunen waren, war klar, dass keine Organisation der nahenden Aufgabe allein gewachsen sein würde. Es brauchte Kooperationen. Für uns als katholische Kirche lag eine Zusammenarbeit mit der evangelischen Schwestergemeinde nahe. Auch die städtische Verwaltung musste einbezogen werden. Sie würde für die Unterkünfte und die wirtschaftliche Versorgung der Flüchtlinge zuständig sein. An eine umfassendere Kooperation dachten wir anfangs noch nicht. Sie hätte geichwohl naheliegen müssen, zumal es perspektivisch nicht nur um die Erstversorgung und Unterbringung der Geflüchteten, sondern auch um einen nachhaltigen Integrationsprozess gehen musste. Aber man bleibt gerne bei bekannten Wegen und Handlungsmustern: die Kirchen unter sich.

Es brauchte aber nur zwei Zusammenkünfte und die Einsicht setzte sich durch: Abgesehen davon, dass gesellschaftliche Monokulturen langweilig und selten kreativ sind, erlaubte die Dramatik der Situation keine Abgrenzung. WIR brauchten jeden Mann und jede Frau. Wir mussten größer denken und uns bemühen, alle mitzunehmen und einzubeziehen, die sich engagieren. Es konnte nicht sein, dass nur kirchliche Institutionen sich an einem Tisch einfinden. Das hätte große Teile der Gesellschaft ausgegrenzt. Damit war die Idee eines Runden Tisches geboren, an dem Kommune, die Kirchen und eben auch alle anderen Akteure der Flüchtlingshilfe im Stadtbezirk teilnehmen sollten. Also waren alle Sozialträger, alle Organisationen in der Flüchtlingshilfe, alle Menschen, die bereits mit Migranten gearbeitet hatten, sei es mit Einzelnen oder Gruppen, alle, die sich vorstellen konnten, etwas beitragen zu können, eingeladen. Mittlerweile nehmen fast 50 verschiedene Gruppierungen, Organisationen und Institutionen an den monatlichen Sitzungen des Runden Tisches teil. In dieser umfassenden und selbstorganisierten Form dürfte eine solche Kooperation der Flüchtlingshilfe beispielhaft und selten sein.

Jeder Teilnehmer am Runden Tisch kannte seine eigenen Qualitäten und Vorzüge, sicher auch seine Grenzen. Nicht wenige von ihnen waren bisher auf einige Sparten der sozialen Arbeit und bestimmte Milieus bezogen. Auffällig war zuerst, dass die Akteure vielleicht voneinander wussten, sich die meisten aber nicht genauer kannten. Entweder hatte es vorher kaum fachliche Berührungen gegeben und man hatte sich deshalb nicht interessiert, oder man stand in Konkurrenz zueinander und nahm sich aus diesem Grund offiziell nicht wahr. Rückblickend muss ich selbstkritisch feststellen, dass auch ich nach mehr als zehn Jahren in keinem Austausch mit einigen nicht-kirchlichen Akteuren im Sozialwesen des Stadtbezirks gestanden habe. Auch ich hatte offensichtlich in Schubladen gedacht.

Jetzt aber fanden sich alle vereint in einem gemeinsamen Interesse: die Flüchtlingshilfe. Das eröffnete einen wohlwollenden Blick auf die anderen Beteiligten. Es war angesichts der Zielsetzung gefordert, die Kompetenz und die Stärken eines jeden wahrzunehmen. Die uns beeindruckende und motivierende Feststellung war: Der Runde Tisch war das Netzwerk der Fachleute, mit dem vorstellbar wurde, dass wir die vor uns liegende Aufgabe bewältigen können. Zugleich war er Repräsentation eines großen Teils der Bevölkerung und Symbol für eine starke Solidarität.

WIR arbeiten zusammen

Die Arbeit des Runden Tisches begann im Herbst 2015. Seitdem finden regelmäßige Konferenzen statt. Wir besprechen die anstehenden Fragen und Probleme, organisieren uns arbeitsteilig, betreiben eine gemeinsame Öffentlichkeitsarbeit und werben auch gemeinsam Geldmittel ein.

Die Arbeitsteilung ist ein wesentlicher Aspekt der Kooperation. Nicht jeder macht viel und möglichst alles, sondern jeder übernimmt die Aufgaben, für die er am meisten Kompetenzen und Möglichkeiten hat. Dafür lässt er anderes. Insgesamt können dadurch alle Bedarfe abgedeckt werden. Praktisch bedeutet das zum Beispiel: Sprachkurse werden für alle Geflüchteten angeboten, aber nur von wenigen Akteuren. Diese leisten das hervorragend. Die anderen Player gönnen es ihnen, freuen sich darüber und können sich anderen Aufgaben widmen. Damit wurde erreicht, dass alle Geflüchteten im gesamten Raum Bad Godesberg gleich nach ihrer Ankunft eine Sprachschule in Anspruch nehmen können. Ihr Spracherwerb beginnt bereits, bevor die staatlich finanzierte Sprachintegration greift. Sie wird erst nach der Anerkennung als Asylbewerber oder einem anderen bestätigten Bleiberecht möglich. Bis dahin ist aber viel Zeit für das Erlernen der Sprache und die Integration verloren.

Rund um den Runden Tisch und durch ihn findet eine große Zahl von Aktivitäten statt. Neben den wichtigen Sprachkursen gibt es von Nachhilfe für Flüchtlingskinder über Wohnraumvermittlung, Möbel- und Fahrradbörsen bis zu Nähkursen reichhaltige Angebote. Auch spezielle Förderungen für Kinder und Jugendliche sind möglich sowie Sprechstunden für Flüchtlinge und Ehrenamtliche in der Hilfe für all ihre Fragen, Anliegen und Probleme. Hinzu kommen Kontakt-Cafés, die Ehrenamtliche und Geflüchtete vernetzen, und Aus- und Fortbildungsreihen für Haupt- und Ehrenamtliche zu juristischen, psychologischen und kulturellen Themen.

Neben der Angebotsstruktur und den vielen praktischen Hilfen für die Geflüchteten gelingt es dem Runden Tisch, erfolgreich als Anwalt der Geflüchteten in der Öffentlichkeit und gegenüber den staatlichen Behörden aufzutreten. Er nahm Einfluss auf eine Reihe politischer Entscheidungen und kommunaler Entwicklungen. Durch gezielte Pressearbeit entwickelte er eine starke Wirkung auf die öffentliche Bewusstseinsbildung und eine positive Willkommenskultur. Im Ergebnis lässt sich sagen, dass es in Bad Godesberg zu keinen nennenswerten Konflikten oder Problemen gekommen ist. Das war anders zu befürchten, weil es bereits in den Jahren vor dem Eintreffen der Flüchtlinge zu erheblichen Schwierigkeiten im Zusammenleben der vielen Kulturen und Religionen gekommen war.

Ferner gelang es dem Runden Tisch, beträchtliche Spendenmittel einzuwerben, über deren Vergabe alle seine Akteure bei ihren Sitzungen demokratisch entscheiden. Auch hat der Runde Tisch viele Hundert Bürger angesprochen, für ehrenamtliche Arbeit gewonnen und in die Projekte seiner Akteure vermittelt. Gerade diese Zusammenarbeit bei der Gewinnung von Ehrenamt und Spenden ist neu und ungewöhnlich. Normalerweise steht man sich hier immer in Konkurrenz gegenüber. Aber die Einsicht, dass es nur gemeinsam geht, war auch hier stärker.

Bedeutsam für die weitreichenden Aktivitäten des Runden Tisches war direkt zu Beginn der Zusammenarbeit die Entscheidung für eine hauptamtliche Koordination. Ohne diese aus den gemeinsam eingeworbenen Mitteln finanzierte Teilzeitstelle wären die Vernetzung unter den Akteuren und die Entfaltung der vielfältigen Initiativen undenkbar gewesen. Auch in der Flüchtlingshilfe zeigt sich, dass neue soziale Projekte nicht nur das Ehrenamt, sondern auch hauptamtliche Mitarbeiter benötigen. Veränderungen setzen eben ehrliche Priorisierungen und mutige Investitionen voraus.

Die Parteien verpassen ihre Chance

Es gab und gibt leere Plätze am Runden Tisch. Die politischen Parteien auf Kommunalebene tauchen nicht auf. In drei Jahren nahm nicht ein einziges Mitglied aus der Bezirksvertretung oder des Rates der Stadt an den Sitzungen teil. Aber natürlich reden sie alle über das Thema Flüchtlinge und Integration. Sie, die Parteien, führen auf Kommunalebene selbstverständlich die Entscheidungen herbei, wo und wie Flüchtlinge untergebracht werden. Aber sie haben mit denen, die die Flüchtlingsarbeit praktisch leisten, wenig zu tun. Es ist genau diese Abkopplung in ein eigenes Milieu, die wir in den Kirchengemeinden, bei Gewerkschaften und auch bei anderen Institutionen kennen. Während die Herausforderung der Migration aber die gesellschaftlichen Akteure unter Druck gesetzt und zum gemeinsamen Pragmatismus gedrängt hat, gingen die politischen Prozesse, wenn auch mit erhöhtem Entscheidungsdruck, ihren gewohnten Gang. Sie blieben in ihren Strukturen. Und die Parteien bei sich.

Darin steckt kein böser Vorsatz oder ablehnender Vorbehalt. Es herrscht vielmehr die Macht der introvertierten Gewohnheit. Aber diese Verschlossenheit der etablierten Parteien ist politisch gesehen dramatisch. Ihnen allen gemeinsam schmilzt die Substanz weg. Das sehen und spüren sie. Der Vorwurf gegen sie lautet, sie seien realitätsfern und abgehoben. Dennoch schaffen sie es nicht, dahin zu gehen, wo die gesellschaftlichen Veränderungsprozesse ablaufen, um an Glaubwürdigkeit und Realitätsbezug, auch an Bürgernähe zu gewinnen.

Es hat drei Jahre gebraucht, bis der Runde Tisch in die Bezirksvertretung eingeladen wurde. Und das auch erst nach entsprechenden Appellen der Flüchtlingshilfe über die Öffentlichkeit. Bis dahin gab es keine Begegnung, keinen Dialog zur Absprache konkreter politischer Maßnahmen mit den Akteuren vor Ort. Die Inszenierung dieser Begegnung offenbarte etwas Symptomatisches für das Verständnis einer politischen Klasse. Die Gäste aus der Flüchtlingshilfe saßen im Plenum der Bezirksvertretung hinter den politischen Mandatsträgern. Die Vertreter der Fraktionen führten den Dialog mit ihren Gästen mit dem Rücken zu ihnen und sprachen von ihnen abgewandt in das Mikrofon. All das ist keine Bonner oder Bad Godesberger Besonderheit, sondern steht stellvertretend. Ausnahmen wird es am ehesten da geben, wo Menschen nah beieinander leben und sich aus dem Alltag gut kennen. Je größer aber die urbane Vielfalt und damit die parallele Gliederung in die Milieus ist, umso weniger dürfte die Politik aus ihrem Ghetto kommen.

Die Rolle der politischen Parteien angesichts der zukünftigen Herausforderungen werde ich noch einmal aufgreifen. Dass sie bei einem deutlich drohenden Kollaps der gesellschaftlichen Strukturen und staatlichen Systeme durch plötzlich hohe Migration – ein Jahrhundertthema! Kein peripherer Zwischenfall – bestenfalls rhetorisch auffallen, sei ihnen schon mal ins Stammbuch geschrieben.

Die Moschee-Gemeinden sind unentschlossen

Es gibt weitere leere Plätze am Runden Tisch: die Vertreter der Moschee-Gemeinden. Das ist in Bad Godesberg noch einmal speziell zu sehen, weil dieser Bonner Stadtteil bundesweit mit radikalem Islamismus in Verbindung gebracht wird. Selbstverständlich haben wir alle Moschee-Gemeinden zum Runden Tisch eingeladen. Vertreter erschienen aber nur zu zwei Treffen. Auch das ist kein Sonderfall und wiederholt sich in vielen Kommunen.

Nun sind die Moschee-Gemeinden ziemlich strikt national aufgestellt. Eine türkische Gemeinde hat zunächst einmal wenig mit einer marokkanischen zu tun oder mit syrischen Muslimen, die als Flüchtlinge hier ankommen. Die Gemeinden haben auch keine professionell organisierten Sozialwerke. Soziale Aktivitäten geschehen rein ehrenamtlich auf mehr oder weniger privater Basis. Auch sind die Leiter der Gemeinden in der Regel nicht die Prediger, die Imame, sondern ehrenamtlich engagierte Mitglieder. Diese üben natürlich ihren Zivilberuf aus und haben für zusätzliche Aufgaben wenig Zeit.

Trotz dieser Entschuldigungen meine ich, dass eine Beteiligung am Runden Tisch auch für Moschee-Gemeinden zu organisieren möglich wäre. Und nötig. Nötig einerseits für die Flüchtlinge: Die kulturelle, auch religiös geprägte Grenze zwischen ihnen und denen, denen sie nun in Unterstützungs- und Integrationsprojekten begegnen, wäre doch einfacher zu überwinden, könnten Muslime darin auch Muslimen mit Erfahrungen in unserem Land begegnen. Nötig andererseits für die Moschee-Gemeinden: Wie sollen sie, bei allen zu bewahrenden Unterschieden in der Identität, in der Gesellschaft ankommen, wenn sie sich aus einem übergeordneten WIR der Entwicklung einer neuen Zivilgesellschaft ausschließen? Nötig schließlich auch für das WIR selbst, für die neue Zivilgesellschaft. Sie kann nicht auf die Teilhabe und Unterstützung der Menschen in unserem Land verzichten, die aus einem anderen Land stammen und von einer anderen Kultur geprägt sind.

Der Staat ist Teil des Runden Tisches

Bereits bei der Gründung des Runden Tisches war an eine enge Zusammenarbeit mit der kommunalen Politik gedacht. Die beiden Vertreter der Kirchen kamen mit der Bezirksbürgermeisterin des Stadtbezirks zusammen. Bei der zweiten

Sitzung ergänzten Vertreter der städtischen Verwaltung die Runde. Es war evident: Ohne die bei der Stadt vorhandenen Informationen und eine enge Kooperation war es unmöglich, in der erforderlichen Geschwindigkeit und im notwendigen Umfang zu helfen.

Eigentlich aber ist es Teil unseres Gesellschaftsmodells, dass Staat und Gesellschaft sich als getrennte Größen verstehen und entsprechend separat agieren. Der Staat hat klar umrissene und geregelte Aufgaben. Was er hier im Rahmen seiner finanziellen und organisatorischen Möglichkeiten umsetzen kann, tut er. Wofür er keine Ressourcen hat, das macht er nicht. Das nicht Erledigte wird der Eigeninitiative der Gesellschaft überlassen. Sie greift es auf und regelt es oder lässt es unerledigt. Normalerweise tritt der Staat hier nur selten werbend um das Engagement der Gesellschaft in Erscheinung. Noch seltener sucht er die enge Zusammenarbeit und strategische Abstimmung, um gravierende Probleme im Miteinander mit der Gesellschaft zu lösen. Es gibt eben eine strikte Aufgabenteilung.

Sicherlich bestehen Überschneidungen zumeist in sozialen Bereichen, beispielsweise in der Finanzierung und Planung des Kindergartenbedarfs und der Abrechnung von Zuschüssen mit freien Trägern. Man kennt sich, steht, soweit es nötig ist, im erforderlichen Austausch. Aber es geht kaum darüber hinaus. Im Gegenteil. In nicht wenigen Kommunen übernehmen staatliche Stellen eigenständig Aufgaben, ohne der Gesellschaft zuvor die notwendige Gelegenheit gegeben zu haben, diese Dinge in Eigenverantwortung und mit finanzieller Unterstützung des Staates umzusetzen. Eine gewisse Neigung zur Verstaatlichung sozialer und pädagogischer Aufgaben ist vielerorts nicht von der Hand zu weisen. Man erspart sich seitens staatlicher Verwaltung so die Abstimmung und behält sich die Möglichkeiten von Einflussnahme und freier Gestaltung vor. Nicht wenige politische Entscheidungsträger trauen den gesellschaftlichen Akteuren weniger zu als den staatlichen Institutionen. Einige haben eine starke Skepsis gegenüber bestimmten gesellschaftlichen Gruppierungen, nicht zuletzt den Kirchen.

Die vielerorts deutliche Tendenz zur Verstaatlichung wirft die grundlegende Frage auf, ob der in vielen Sektoren gewollte und gesetzlich festgelegte Vorrang der Gesellschaft vor dem Staat in manchen Kommunen noch hinreichend beachtet wird. Auch tritt dabei eine Fehleinschätzung hinsichtlich staatlicher Organisationskraft zu Tage. Es wird ausgeblendet, wie vielfältig oft die Defizite staatlicher Verwaltung und Bürokratie sind. Man verkennt, dass Interventionen aus der Gesellschaft mit ihren haupt- und ehrenamtlichen Netzwerken oft schneller, kreativer und kostengünstiger wirken. Jedenfalls lässt sich resümieren, dass Staat und Gesellschaft zumeist arbeitsteilig und getrennt voneinander, günstigstenfalls im gegenseitigen Wohlwollen ihren jeweils eigenen Aufgaben nachkommen.

Mit Blick auf die Flüchtlingskrise 2015 war evident, dass eine solche Trennlinie zwischen Staat und Gesellschaft nur hinderlich sein konnte. Um eine hohe Effektivität zu erzielen, brauchte es das direkte Teamwork aller vorhandenen Kräfte in Staat und Gesellschaft. Voraussetzung dafür war ein gleichberechtigtes Miteinander, das die gesellschaftlichen Kräfte von Anfang an in Planungen und Strategien mit einbezieht und vollkommene Transparenz herstellt. Der Bürger würde nicht lediglich »Erfüllungsgehilfe« des Staates sein wollen, sondern Wert darauf legen, dass er als Partner wertgeschätzt und ernst genommen wird. Jedenfalls war das die Grundüberzeugung an unserem Runden Tisch.

Dieser Gedanke war, um es vorsichtig auszudrücken, für viele in der kommunalen Verwaltung mehr als gewöhnungsbedürftig. Zwar ist man dort geübt, Verwaltungsvorlagen für den Rat und die Bezirksvertretungen, also für die politischen Mandatsträger zu erstellen. Vollkommene Transparenz – selbstverständlich im Rahmen des Datenschutzes – gegenüber einer Runde von gesellschaftlichen Institutionen und Einzelpersonen zu gewähren, das musste erst gelernt werden und geschah nur zögerlich. Es schien den Behörden lästig zu sein. Natürlich ist es normale Praxis einer kommunalen Verwaltung, den örtlichen Parlamenten verlässlich und persönlich in ihren Ausschüssen Rede und Antwort zu stehen und ggf. für Vertretungsregelungen zu sorgen, wenn Dezernenten oder Referatsleiter nicht selbst erscheinen können. Am Runden Tisch brauchte es etwas Zeit, bis es zu solcher Verlässlichkeit kam. Nicht selten erschienen die Vertreter der Verwaltung ohne Mitteilung gar nicht oder sagten wenige Minuten vorher ab. Dann saßen dort rund 40 Akteure ohne die erforderlichen Informationen und Ansprechpartner. Wie aber sollen professionelle Organisationen und ehrenamtliche Helfer den Weg zu den Geflüchteten finden und sich den Überblick verschaffen, in welchem Umfang Unterstützung zu organisieren ist, wenn sie nicht wissen, wo sich die Geflüchteten befinden und wie viele es sind? Wie sollen spezifische Hilfsangebote entwickelt werden, wenn die Situation der Geflüchteten nicht transparent gemacht wird? Wie werden direkte Kontakte möglich und verlässliche Absprachen getroffen, wenn den Akteuren die städtischen Sozialarbeiter in den Sammelunterkünften und Wohnheimen nicht bekannt sind? Wie erreichen nützliche Hilfen ihre Adressaten, wenn städtische Sozialarbeit die Informationen den bereits privat wohnenden Geflüchteten nicht übermittelt? Wie lassen sich gute Kooperationen und Netzwerke der Hilfe entwickeln, wenn in diesem Netz die Kommune als zentraler Vermittlungspunkt und als eine der entscheidenden Anlaufstellen für die Betroffenen fehlt? Ohne den Staat am Runden Tisch war es unmöglich, viele Ziele der Flüchtlingshilfe zu erreichen.

Auch war eine Ermüdung und Demotivation gesellschaftlicher Kräfte absehbar, zum Schaden für das gesetzte Ziel: eine gute Integration der Geflüchteten.

Es brauchte also gelegentlich ein paar deutliche Worte der Erinnerung daran, dass nicht mit einer gesellschaftlichen Unterstützung zu rechnen sein würde, wenn es an Information und Partizipation fehle. Ab und zu war es auch unumgänglich, den Profis in Staat und Gesellschaft den hinreichenden Respekt vor dem abzuringen, was ein ehrenamtliches Engagement der Bürger, auch der Einsatz von sozialen Institutionen, bedeutet. Schließlich ist es nicht selbstverständlich, dass der Bürger dem Staat so zu Hilfe kommt. Heute aber ist dieses »Fremdeln« weitgehend Geschichte. Am Runden Tisch sitzt der Staat jetzt als einer unter anderen Akteuren. Gleichberechtigt und kollegial. Das ist das Modell der »neuen Zivilgesellschaft« von morgen! Auch wenn sich die Flüchtlingshilfe als Thema einmal erübrigt haben wird, bleibt die starke Erfahrung, was die enge Verzahnung von Staat und Gesellschaft einerseits und die arbeitsteilige Zusammenarbeit aller Akteure mit Blick auf große Herausforderungen andererseits bewegen können. Die neue Zivilgesellschaft könnte sich einiges zutrauen! Mit der Flüchtlingshilfe, also seit 2015, sind zumindest in Bad Godesberg Wege kürzer geworden. Wir kennen uns und schätzen uns.

Das WIR kennt keine »Fremden«

Auch das WIR ist nicht gegen Versuchungen gefeit. Gerade da, wo Menschen in Not sind und andere ihnen zu Hilfe kommen, geraten die Helfer schnell in die Versuchung, überheblich zu werden. Menschen gewöhnen sich an Rollenzuteilungen. Hier der Versorger und Helfer, dort die Versorgten und Hilfsbedürftigen. Hier wir und dort die anderen. Aus dieser problematischen Wahrnehmung leiten sich dann Vorrechte und Befugnisse ab. Man spricht und handelt für den anderen, bevormundet ihn auch, freilich nur in bester Absicht. Es entsteht ein Gefühl der Überlegenheit. Man fühlt sich aufgewertet, vielleicht sogar unabkömmlich. Dann liegt es nahe, den anderen von der Hilfe abhängig zu machen, statt ihn in die Eigenständigkeit zu führen. Zumindest erwartet man beständige Dankbarkeit.

Nicht alle, die helfen, verfallen diesem Schema. Aber es ist ein Risiko für jeden, der sich für andere einsetzt und Hilfe leistet. Das war und ist es auch in der Flüchtlingshilfe, wenn Ehrenamtliche von »ihren« Flüchtlingen sprechen und eine zunehmende Selbstständigkeit der Geflüchteten als persönliche Kränkung und Infragestellung verstehen. Doch irgendwann sollten die Rollen aufweichen und verschwinden. Wem gestern ehrenamtlich geholfen wurde, der wird heute zum Nachbarn, vielleicht morgen zum Freund. Mit der Zeit entsteht eine zwischenmenschliche Ebene, die kaum mehr Unterschiede kennt und kein Amt mehr verlangt. Die Geflüchteten sind Teil der neuen Zivilgesellschaft. Sie gehören zum WIR.

Dieses Ziel wirklicher Integration und Partizipation zu erreichen, das ist nicht einfach! Für den Einzelnen nicht und auch nicht für Staat und Gesellschaft im Ganzen. Es wird in Politik, Medien und im Volk viel diskutiert, was die Flüchtlinge mit uns machen und was von uns gefordert ist. Nicht wenige fragen, ob die größtenteils aus muslimischen Ländern kommenden Menschen unsere Demokratie gefährden könnten. Die einen fragen mit ehrlicher Sorge, die anderen aus populistischem Kalkül. Es ist schwer zu sagen, wie sich die Dinge entwickeln werden. Sicher ist es sinnvoll, einen kritischen Blick darauf zu haben, dass unsere staatliche und gesellschaftliche Ordnung nicht gefährdet wird. Wir dürfen die Errungenschaften unserer Kultur nicht leichtfertig riskieren.

Genauso aber muss gefragt werden, wie unsere Demokratie mit den Geflüchteten umgeht und ob unser Verhalten sich mit unseren demokratischen Grundvorstellungen deckt.

Die Geflüchteten kommen in unser Land und wir bringen sie zuerst in Erstaufnahmelagern unter. Oft sind es Monate, die sie dort verbringen. In diesen Unterkünften sind alle Dinge des alltäglichen Lebens geregelt. Gut organisiert vielleicht, aber mit wenig Freiheit und Spielraum für Individualität. In den kommunalen Unterkünften, in die die Flüchtlinge dann umziehen, ändert sich das zum Teil. Jetzt kochen die Bewohner zum Beispiel für sich selbst. Aber sie leben auch in diesen Heimen ohne jede Form der Mitbestimmung, wie »Insassen«. Nirgendwo sonst ist in unserer Gesellschaft etwas Vergleichbares denkbar. Als Demokraten kennen wir durchgängig das Prinzip der Partizipation. Ob im Kindergarten, in der Schule oder im Altenheim: Immer sind die Menschen Subjekte ihres Handelns. Überall gibt es Rechte und Strukturen der Mitbestimmung. Sie dienen im Letzten auch dazu, das Miteinander zu organisieren und für einen Interessensausgleich zu sorgen.

Doch die Geflüchteten in unserem Land werden von jeder demokratischen Mitbestimmung ausgenommen. Sie können nur froh und dankbar sein, dass sie humanitäre Unterstützung und soziale Hilfe erhalten. Ihnen ist Glück zu wünschen: mit den Abläufen, die andere für sie festlegen. Wer ihr ehrenamtlicher Helfer, ihr Sozialarbeiter und ihr Security-Mitarbeiter ist oder welche Regeln in einem Haus gelten, das wird von anderen entschieden. Zum Vorteil der Geflüchteten freilich – denken diese anderen. Wie Konflikte entschärft werden und zwischen Interessen vermittelt wird, das ermöglicht kein Gremium oder Rat, sondern das wird den zufälligen Prozessen der Gruppendynamik überlassen. Alles das verweist auf eklatante Demokratiedefizite und geschieht ausgerechnet gegenüber solchen Menschen, denen manche unterstellen, sie hätten keine Erfahrungen mit der Demokratie, müssten sie noch lernen und seien deshalb vielleicht eine Gefahr für unser System?! Hier stimmt etwas nicht! Es ist keine gute Werbung für die Vorzüge unserer demokratischen Ordnung, schon gar nicht eine motivierende Anleitung, wenn wir den Geflüchteten jede Form der Mitbestimmung und Teilhabe vorenthalten!

Sicher gibt es Wohnheime, in denen das inzwischen anders organisiert wird. Darin gesteht man den Geflüchteten großzügig ein gewisses Maß an Mitbestimmung zu. Das aber ist nicht, was wir gemeinhin unter Demokratie verstehen. Diese garantiert jedem gleiche Rechte und ihre Wahrnehmung. Die Entmündigung in unseren Flüchtlingsheimen dürfte es also nicht geben! Sie stellt die Glaubwürdigkeit unseres Systems in Frage. Stattdessen müssen wir bereits in den Wohnheimen ermöglichen, dass die Bewohner Lernerfahrungen mit dem machen, was wir unter Demokratie verstehen. Das mag den Tagesablauf zunächst nicht unbedingt erleichtern. Es kann auch sein, dass manche Geflüchtete von ihren Rechten keinen Gebrauch machen wollen und dass die Sprachbarriere eine Beteiligung erschwert. Doch diese Vermutungen berechtigen nicht dazu, Mitbestimmung im Vorhinein zu beschneiden. Demokratie ist keine Verfügungsmasse! Es müsste also in allen Flüchtlingswohnheimen Formen der Mitbestimmung geben, und zwar gesetzlich garantiert. Sie könnten auch helfen, dass Konflikte in einem Wohnheim leichter zu einer Klärung finden, weil es klare Strukturen des Dialogs und des Miteinanders gibt. In jedem Fall würden sie die Eigenständigkeit und die Integration fördern.

Diese Überlegungen waren der Grund dafür, dass der Runde Tisch in Bad Godesberg das Projekt »Partizipation und Mitbestimmung von Flüchtlingen« entwickelt hat. Die Bewohner in den Flüchtlingswohnheimen in Bonn sollen zunehmend an den Entscheidungsprozessen in ihren

Unterkünften beteiligt werden und Formen der Selbstorganisation entwickeln. Perspektivisch soll es in jedem Wohnheim gewählte Vertretungsgremien der Geflüchteten und eine Rahmenordnung geben, die regelt, in welchen Angelegenheiten solche Räte das Recht auf Anhörung und Mitbestimmung haben. Dabei ist im Blick, dass die Einrichtung solcher Gremien nicht ad hoc erfolgen kann. Den Geflüchteten muss zunächst der Sinn einer solchen Mitbestimmung vermittelt werden – für viele sind solche demokratischen Instrumente und Prozesse ungewohnt –, um dann mit ihnen gemeinsam die Rahmenbedingungen dafür entwickeln zu können, wie und wo sich eine Partizipation sinnvoll realisieren lässt. Auch Sozialarbeiter, Mitarbeiter in der kommunalen Verwaltung und ehrenamtliche Helfer müssen von Beginn an einbezogen sein. Um dieses Projekt entsprechend begleiten und umsetzen zu können, vielleicht auch perspektivisch eine Ausweitung auf Flüchtlingswohnheime in anderen Kommunen und staatliche Regelungen zu ermöglichen, hat der Runde Tisch gemeinsam mit der Otto-Benecke-Stiftung, die sich seit vielen Jahrzehnten in Fragen der Migration erfolgreich engagiert, um Fördermittel in Bundes- und Landesministerien geworben und die Stadt Bonn um Mitarbeit gebeten. Die Resonanz war überraschend erfreulich und schnell. Das Bundesfamilienministerium, das für Migration zuständige NRW-Landesministerium und die Stadt Bonn haben innerhalb weniger Wochen die Förderung des Projektes bewilligt und die notwendigen Finanzmittel zur Verfügung gestellt. Es leuchtete offenbar allen ein, dass das Demokratie- und Partizipationsdefizit in der Flüchtlingshilfe behoben werden muss. Fast war man über die Feststellung erschrocken, dass das deutsche Recht hier noch keine Regelungen kennt.

Zwei Koordinatoren sind inzwischen mit der Umsetzung des Projektes beschäftigt. Erste Räte sind gewählt und haben ihre Arbeit aufgenommen. Sie befassen sich mit der räumlichen Gestaltung der Flüchtlingsheime. Sie entwickeln Pläne, wie Kontakte mit der Bevölkerung aufgenommen und die Bewohner in ihren Anliegen, dem Erlernen der Sprache und der Suche nach Ausbildung, Arbeit und Wohnungen unterstützt werden können. Die Konkretisierung ist nicht einfach. Nicht überall werden die Chancen gleich erkannt und genutzt. Aber diese Beobachtung bezieht sich nicht allein auf Menschen mit Migrationshintergrund. Auch deutsche Bürger wissen nicht immer etwas mit ihren demokratischen Möglichkeiten und Pflichten anzufangen. Die geringe Beteiligung an Wahlen ist ein bekannter Indikator dafür. Das Projekt befindet sich also in der Umsetzung, möglicherweise mit Auswirkungen für Bund und Land. Aus dem starken und engagierten WIR der Helfer ist eine Initiative hervorgegangen, die den Geflüchteten ermöglicht, ein gleichberechtigter Teil dieses WIR zu sein.

Kurz:

Die neue Zivilgesellschaft ist in der Flüchtlingshilfe erstmals konkret geworden. Sie hat erfolgreich ihre Ressourcen und Fähigkeiten unter Beweis gestellt.

Die neue Zivilgesellschaft entsteht dadurch, dass die gesellschaftlichen Kräfte und Institutionen ihre traditionellen Milieus und Zuständigkeiten überschreiten und im Interesse eines zentralen Anliegens arbeitsteilig kooperieren. Daraus entwickelt sich eine ungeahnte Energie und Dynamik.

Teil dieser neuen Zivilgesellschaft ist auch der Staat. Die strikten Grenzen zwischen Gesellschaft und Staat werden aufgehoben. Der Staat ist gleichberechtigter Akteur, nicht mehr und nicht weniger.

Die neue Zivilgesellschaft ermöglicht jedem Glied von Gesellschaft und Staat eine Teilhabe. In das WIR sind alle einbezogen.

Die nachhaltige Dynamik des WIR

Das WIR muss sich zurückziehen, wo es Selbstständigkeit und Selbstbestimmung eher behindert als fördert. Gleiches gilt für alle anderen Akteure im sozialen Bereich und überall. Es ist aber nicht diese kritische Anmerkung, die als wichtigste Lehre aus dem zivilgesellschaftlichen Engagement in der Flüchtlingskrise zu ziehen ist. Die ist etwas anderes:

Nur mit Erstaunen ist immer noch zu registrieren, mit welcher Dynamik und in welch großer Zahl Menschen sich ehrenamtlich in die Arbeit gestürzt haben, als die vielen Geflüchteten 2015 über unsere Grenzen kamen. Niemand hätte mit dieser überwältigenden Welle der Solidarität und Hilfsbereitschaft gerechnet! Allein in Bad Godesberg waren es Hunderte! Nennenswert ist auch die Vielfalt der Organisationen, die sich wie selbstverständlich beteiligten. Die Kirchen – eigentlich: die Christen – zeigten eine Vitalität wie schon lange nicht mehr. Die Wohlfahrtsverbände und Menschenrechtsorganisationen stellten ihre Qualität unter Beweis. Auch Sportvereine und alle möglichen Gruppen und Einzelne nahmen ihre Aufgabe wahr, die ihnen ja nicht – wie den Kirchen und Wohlfahrtsverbänden – gewissermaßen in die »Satzung« geschrieben war.

Eigentlich war 2015 die Ankunft von Hunderttausenden Flüchtlingen auf Kollaps programmiert. Nur die Dynamik des WIR hat den Zusammenbruch verhindert. Eine große Anzahl von Menschen hat es geschafft, dass die Flüchtlingssituation bisher gut geregelt wurde. Die medienauffälligen Zwischenfälle, die populistisch ausgeschlachtet werden, stehen in keinem Verhältnis zu dem, was positiv geleistet wurde. Sicher bleibt der Faktor Mensch im Negativen unberechenbar: dann, wenn er mit Parolen und Gewalt den Geflüchteten begegnet oder sich in kriminellen Handlungen von Geflüchteten zeigt. Aber er ist es auch im Guten: wenn er im Zusammenspiel »aller Menschen guten Willens« Probleme bewältigt, die vorher als unlösbar galten.

Auch wenn sich die Situation der Flüchtlingshilfe verändert hat – viele Geflüchtete kennen die Sprache, gewinnen an Eigenständigkeit und integrieren sich in die Arbeits- und Lebenswelt unserer Gesellschaft –, so hat sich der Runde Tisch dennoch entschieden, zusammenzubleiben. Man will auch zukünftig die weiteren Maßnahmen für eine gelingende Integration untereinander abstimmen. Die Erfolge der Kooperation waren zu überzeugend, als dass man hätte zum alten Schema zurückkehren können. Im Gegenteil: Das Modell des Runden Tisches wird voraussichtlich Schule machen. Es liegt nahe, auch in anderen sozialen Aufgaben auf das WIR zu setzen und Veränderungen anzustoßen.

Eine Anschlussfrage haben wir noch nicht in den Blick genommen und beantwortet, weder in Bad Godesberg noch im ganzen Land: Was bieten wir den mehreren Hundert Ehrenamtlichen in der Flüchtlingshilfe unserer Region, den Tausenden in Deutschland, wenn die Ersthilfe getan und die Geflüchteten eigenständiger geworden sind? Wo sind die Helfer, die an den Bahnhöfen standen? Wo die, die Lebensmittel und Kleidung in die Unterkünfte gebracht haben? Wo werden perspektivisch die sein, die heute noch bei Spracherwerb und Alltagsfragen behilflich sind? Lassen wir sie von der ehrenamtlichen Bühne abtreten oder bieten wir ihnen eine andere Möglichkeit, sich nützlich in die Gesellschaft einzubringen? Es wäre töricht, diese Menschen nicht anzusprechen, ihre Hilfsbereitschaft abzurufen und ihre gewonnenen Erfahrungen zu nutzen. Es ist ein Ausdruck der Wertschätzung, wenn wir ihnen vermitteln: Sie haben gute Arbeit geleistet! Es ist eine Chance, mit ihnen in Kontakt zu bleiben und ihnen die Gelegenheit zu bieten, sich an neuen Aufgaben zu beteiligen. Es hat ja nicht eine anonyme Zivilgesellschaft die große Leistung erbracht, sondern sehr viele Menschen mit Namen, die sich nun kennen und die wir nun kennen. Ihre Namen müssen WIR uns merken!

Forderungen:

1. Der Staat muss sich als Teil der neuen Zivilgesellschaft verstehen. Er ist einer unter Gleichen. Für die Zusammenarbeit aller Akteure gelten die Prinzipien der Demokratie und der Partizipation.

2. Jede Aktion einer neuen Zivilgesellschaft muss darauf ausgerichtet sein, Hilfsbedürftige in Eigenständigkeit zu führen. Auch Geflüchtete müssen in unserem Land das Recht erhalten, selbstbestimmt zu leben und gleichberechtigter Teil der neuen Zivilgesellschaft zu sein.

3. Die selbstauferlegte Exklusion vom WIR, hier bei politischen Parteien und Moscheegemeinden, ist nicht akzeptabel. Nachdenken tut not!

4. Der neuen Zivilgesellschaft muss etwas zugetraut werden! Es ist die Einsicht gefordert, dass durch das Überwinden von Separierungen und das Zusammenspiel aller Kräfte eine Lösungskompetenz für die Überwindung gesellschaftlicher Krisen entsteht!

5. KAPITEL

DIE SCHERE TUT NIEMANDEM GUT
Wege aus der Polarisierung

Unsere Gesellschaft klafft wie eine Schere auseinander. Diese Erkenntnis wird immer wieder von der Sozialforschung formuliert und von den Medien aufgegriffen. Gemeint ist die Differenz zwischen Arm und Reich. Die beiden Pole entfernen sich immer mehr voneinander. Eine extreme Entwicklung, die sich deutlich im Lebensalltag abzeichnet. Aber die Vermögensverteilung ist nicht das einzige Indiz einer zunehmenden gesellschaftlichen Polarisierung. Es gibt weitere. Alles in allem treiben sie die Gesellschaft stark auseinander. Das lässt sich leicht durch wache Beobachtungen überall vor Ort nachvollziehen.

Bad Godesberg eignet sich gut dafür. Der Bonner Stadtbezirk ist – das habe ich bereits in der Einleitung dargestellt – wie ein Brennglas der bundesrepublikanischen Gesellschaft. Sozialwissenschaftliche Studien behaupten, nirgendwo sonst im Land träfen auf so engem Raum so extremer Reichtum und so große Armut aufeinander. Von diesen »zwei Welten« in Bad Godesberg war schon häufig bundesweit die Rede. Aber der Stadtbezirk kennt nicht nur diese zwei Welten. Es sind die vielen Welten, die ihn ausmachen. Hier leben die verschiedensten sozialen und religiösen Gruppen und auch gegensätzlichen Milieus an einem Ort. Godesberg ist bunt und heterogen – wie viele Stadtteile und die ganze Gesellschaft im Land. Es gibt aber einen gravierenden Unterschied als Spezifikum. Hier leben die Gegensätze rein geografisch nicht sehr weit auseinander. Der Stadtbezirk ist zu klein, um Abstand zu halten. Es ist kaum möglich, große einheitliche, auch sich selbst genügende Wohnviertel zu bilden, in denen man weitgehend unter sich bleiben könnte: mit eigenen Einkaufsmöglichkeiten, Bildungsorten und medizinischer Versorgung.

Wie überall: Vielfältige Polarisierungen

Über Jahrhunderte war Bad Godesberg sehr homogen. Eine agrarisch und katholisch geprägte Siedlungslandschaft mit einer Ansammlung von historischen Dörfern. Nur langsam bildete sich durch den Zuwachs an Bevölkerung ein eigenständiges Zentrum rund um die Godesburg. Vor etwas mehr als hundertdreißig Jahren entdeckten vermögende protestantische Adlige und Industrielle aus dem Ruhrgebiet den Ort in der Nähe der Bonner Universität. Hier studierten und lebten die preußischen Prinzen. Das bot die Chance, höfische Kontakte aufzunehmen und zu pflegen. Schnell entwickelte sich der idyllische Kurort mit seinen Ausblicken auf die Rheinromantik zur bewährten Adresse fernab der rußigen Industrielandschaften. Es begann eine prachtvolle Villenbebauung, zunächst als Feriendomizile, dann als feste Wohnsitze. Damit war die erste Polarisierung in der Bevölkerung gegeben: einerseits die einfachen katholischen, überwiegend bäuerlichen Familien, andererseits protestantische und gebildete Vermögende einer neuen Zeit. Bis heute prägt dies das Selbstbewusstsein der protestantischen Gemeinden. Man sagt, sie seien die Wohlhabendsten der Rheinischen Landeskirche. Noch heute verfügen sie hier mitten im katholischen Rheinland über eine beispiellose soziale und pädagogische Infrastruktur. Beide konfessionell ausgerichteten Gruppen sind im heutigen Bad Godesberg nach wie vor identifizierbar. Die alten Dorfkerne mit ihren Kirchen und das Villenviertel liegen beieinander im selben Stadtviertel.

Als Bonn Hauptstadt der Bundesrepublik wurde, erlebte Bad Godesberg die nächste radikale Veränderung. Es kamen ganz neue Gruppen hinzu: Menschen der politischen Führungsriege, hohe Beamte, Diplomaten aus aller Welt, aber auch das einfache Beamtentum, Handwerker und Dienstleister für den Bedarf der wachsenden Stadt und der vielen, durchaus vermögenden Zugezogenen. Eine weitere Polarisierung. Allerdings konnte es am Regierungsort der Bonner Republik kaum zu ernsthaften Konflikten zwischen den Gruppen kommen. Zu beschaulich war es, sagen die einen. Zu viel Polizei und Sicherheitsbeamte, sagen die anderen. Aber existent war sie dennoch: die Schere.

Der nächste große Umbruch kam mit dem Wegzug der Regierung nach Berlin. In Bad Godesberg brach der Einzelhandel ein. Viele Wohnungen, vor allem in den Altbauten der Innenstadt, standen jetzt leer, weil Botschaftsangestellte und Servicepersonal ihren Arbeitgebern in die neue Hauptstadt folgten. Die feine Innenstadt, die früher alles für den gehobenen Bedarf anbot, zeigte sich nun mit Matratzendiscountern, Gyrosbuden und arabischem Einzelhandel. Zeitgleich kam es zu einem starken Zuzug von Bürgern mit Migrationshintergrund in die wenig renovierten Häuser. Das Zentrum von Bad Godesberg machte vom schicken Hauptstadtviertel eine mehrfache Schraubenbewegung nach unten zu einem normalen Wohnbereich der Stadt Bonn, alles andere als extravagant. Für viele Bürger ist das bis heute eine schmerzliche Entwicklung. Immer noch träumt man von den alten Zeiten als Regierungshauptstadt.

Noch etwas anderes prägt den Stadtteil. Bad Godesberg hat zwei große, sehr renommierte Krankenhäuser, außerdem Kur- und Rehabilitationskliniken. Diese haben noch aus der Zeit, in der die Botschaften vor Ort angesiedelt waren, besonders im Ausland einen guten Ruf. Das führte in den letzten Jahren zu einem internationalen Medizintourismus, der vornehmlich Patienten aus arabischen Ländern an den Rhein führt. Man lässt sich hier operieren und rehabilitieren. Eigentlich ist es für das Gesundheitswesen im Stadtbezirk eine Erfolgsgeschichte. Aber sie hat sichtbare Auswirkungen, denn sie verstärkt den Eindruck der Überfremdung. Vermutlich nirgendwo sonst in Deutschland sind so viele Frauen in Burka zu sehen wie in der Innenstadt von Bad Godesberg. Die finanzkräftigen Medizintouristen haben zu einer erneuten Veränderung beigetragen. Weitere ehemals von Einheimischen geführte Geschäfte sind in den Besitz arabischer Kaufleute übergegangen. Diese halten alles bereit, was die Gäste aus ihren Heimatländern benötigen, und bieten es in ihren Schaufenstern und Außenwerbungen ausschließlich in arabischer Sprache an. »Ganz Bad Godesberg« sei »arabisch« und »islamisch«, heißt es deshalb. Das stimmt natürlich nicht. In der gehobenen Villenbebauung am Rhein und den bürgerlichen Wohnlagen an den Berghängen, aber auch in manchen Vierteln von Wohnungsbaugesellschaften und sozialem Wohnungsbau tauchen die arabischen Medizintouristen und ihr Gefolge so gut wie gar nicht auf. Aber der Innenstadtbereich dominiert die Wahrnehmung. Zudem gibt es Nichtregierungsorganisationen, die die arabischen Magnaten der Zwangsarbeit und der Zwangsprostitution beschuldigen. Sie sollen mit ihren Diplomatenpässen unkontrolliert ihr gesamtes Personal mit nach Deutschland bringen. Darunter könnten auch asiatische Zwangsarbeiter und minderjährige Mädchen sein, die in den arabischen Herkunftsländern der Medizintouristen keinerlei Schutzrechte genießen. Schlagzeilen wie diese prägen sich ein und belasten die Atmosphäre. Für die Gäste, die wenige Monate verbleiben, besteht nachvollziehbar kein Interesse an Integration. Ein Kontakt zur hiesigen Wohnbevölkerung wird vermieden. Man spricht in der Heimatsprache und lebt in den vertrauten Gewohnheiten. Rücksicht auf hier bestehende Regeln und Vorschriften gibt es kaum. Das Ganze hat insgesamt etwas Verschleiertes, Nebulöses, Befremdliches und Fremdes, für nicht wenige auch provozierend Ärgerliches. Solche Kontraste polarisieren selbstverständlich.

Verstärkt wurde diese Entwicklung durch die zunächst wenig integrative Wirkung der ansässigen Moscheegemeinden. Journalisten deckten auf, dass radikale Prediger in der marokkanischen Moschee auftraten. Die von der saudi-arabischen Regierung geleitete und finanzierte König-Fahd-Akademie wurde mit dem Anschlag vom 11. September in Verbindung gebracht. Gefährlicher Salafismus in der einstigen Idylle eines Regierungsviertels! Zu dem Eindruck von Fremdheit gesellt sich seitdem das Gefühl von Angst und Bedrohung. Daran haben auch die Schließung der König-Fahd-Akademie und eine größere Umsicht der marokkanischen Moscheegemeinde bei der Wahl ihrer Prediger nicht viel verändert. In den Köpfen der Bevölkerung dominiert der alte negative Eindruck.

Parallel zu diesem polarisierenden Prozess kommt es sukzessive zu einer weiteren Veränderung. Durch die Investitionen, die der Bonn-Berlin-Vertrag für die Strukturentwicklung der ehemaligen Hauptstadt als Ausgleich bereitstellte, siedelten sich in Folge große Konzerne an: Telekom, Postbank, DHL. Die Vereinten Nationen eröffneten in Bonn den UN-Campus mit Niederlassungen einer Reihe ihrer Organisationen. Neue Universitätsinstitute wurden gegründet. Konzerne und Behörden zogen weitere Ansiedlungen von Unternehmen und NGOs nach sich. Mit ihnen allen kamen Manager und Experten, bestens ausgebildet, ehrgeizig, mit hohen und höchsten Einkommen. Zwischen die immer noch identifizierbare »Urbevölkerung«, das ausgeprägte Bürgertum, die zugezogenen Menschen der Mittel- und Unterschicht aus dem In- und Ausland, die geschlossen wirkenden muslimischen Communities mischten sich nun »Moderne Performer«: sehr hip, mobil und ungebunden. Oder als Familien mit vielen Kindern.

Dieser mit dem Zuzug einer gehobenen, zum Teil extrem wohlhabenden Klasse einsetzende ökonomische Aufschwung folgte zeitverzögert dem Abschwung von Bad Godesberg. Jetzt verlaufen beide Entwicklungen parallel. Die Schere geht weit auseinander und ist überall präsent.

Zu dieser vereinfachten Darstellung der Entwicklung wäre eine Reihe weiterer Phänomene zu ergänzen, die die deutsche Gesellschaft insgesamt betreffen. Sie sind auch in Bad Godesberg wahrzunehmen. Zum Beispiel der Zuzug von Menschen mit deutschen Wurzeln aus Polen und Russland in den 80er und 90er Jahren. Viele von ihnen wurden in schnell gebaute Sozialwohnungen vermittelt. Neue Straßenzüge entstanden mit eigener Kultur und eigenem Standard. Ein anderes Phänomen ist die große Gruppe der alten Menschen, darunter viele Ehepartner von verstorbenen Regierungsbeamten und Diplomaten. Andere haben als Beamte oder Angestellte den Umzug der Regierung nach Berlin nicht mitgemacht und leben in schlichten Beamtenwohnungen. Die meisten dieser alten Menschen haben gemein: Die Kinder sind weg, sie stehen allein und können sich selbst kaum eigenständig versorgen. Das bedeutet Immobilität in der ansonsten so mobilen Gesellschaft. Und das bedeutet auf Hilfe angewiesen sein, wo ein Großteil der Gesellschaft mit sich selbst beschäftigt ist und in der Anonymität lebt.

Die Separierung im Bildungssystem

Das Schulangebot in Bad Godesberg spiegelt wie vielerorts die soziale Gliederung exakt wider. Auf engem Raum befinden sich fünf private Gymnasien, davon drei in kirchlicher Trägerschaft, dann zwei staatliche Gymnasien, eine Realschule, eine Gesamtschule und eine Hauptschule. Das Bildungssystem ist wenig durchlässig. Die Schulen rekrutieren ihre Schüler weitgehend aus einer genau bestimmten sozialen Schicht. Sie durchbrechen diese »Identitäten« kaum und verstärken sie zuweilen noch. Zwischen den privaten Gymnasien und der Gesamtschule liegen entsprechend soziale Welten. Eltern aus den oberen sozialen Milieus können sich ziemlich sicher sein, dass ihre Kinder an diesen kirchlichen Schulen nicht auf Kinder der Milieus treffen, die nicht ihren Ansprüchen genügen und die sie gelegentlich auch fürchten. Bei der Auswahl der Schule motiviert oft nicht mehr der Wunsch nach einer religiösen Erziehung, sondern der nach einer Gleichheit in Milieu und Bildungsansprüchen. Was perspektivisch nicht unerhebliche Auswirkungen auf das Profil der Schulen hat.

Nun kann niemand Schulen oder Kindergärten mit einem speziellen Profil führen, ohne dass dieses durch Eltern und Kinder mitgetragen wird. Das heißt: Damit kirchliche Einrichtungen als solche bestehen können und christliche Werte nicht nur als theoretische Lernziele im Lehrplan stehen, sondern den Charakter der Einrichtung prägen, müssen sowohl ausreichend Pädagogen wie auch Schüler in christlich-kirchlichen Beziehungen leben. Sie bringen die Kultur dieser Werte mit, ermöglichen das Verbindende und garantieren eine Stabilität des Profils. Um das sicherzustellen, gelten in den kirchlichen Bildungseinrichtungen klare Aufnahmekriterien. Das aber darf nicht zur Folge haben, dass die kirchlichen Schulen zu Sondereinrichtungen für

Reiche und Erfolgreiche werden. Sie müssen für die Vielfalt der Gesellschaft offenbleiben. Es kommt also auf eine gute und ausgewogene Mischung unter den Schülern an. Und es darf kein pädagogisches Ghetto entstehen. Das geschieht schnell und in einem schleichenden Prozess: Je besser und profilierter das Angebot der Einrichtungen ist, umso mehr wird es von Eltern gewählt, die mit Rücksicht auf das soziale Umfeld die Schule für ihre Kinder aussuchen. Die Zahl der Kinder aus einem Milieu wächst und man bleibt an der Schule mehrheitlich unter seinesgleichen.

Ungeachtet dieser speziellen Beobachtung ist festzustellen: Auch in der Bildungslandschaft geht die Schere immer weiter auseinander. Gleiche Bildungschancen: Davon kann man gegenwärtig kaum sprechen. Kinder aus schwachen sozialen Schichten und solche mit Migrationshintergrund sind eindeutig benachteiligt. Es ist schwer für sie, sich aus ihren Kontexten zu lösen.

Polarisierung und Separierung begünstigen die Gewalt

Niemand lebt und arbeitet völlig außerhalb und jenseits gesellschaftlicher Milieus. Ein Milieu und vielleicht noch benachbarte Milieus prägen einen Menschen, ermöglichen gute Kommunikation im eigenen Umfeld, aber erschweren den Austausch mit anderen. Je weiter entfernt vom eigenen, umso schwieriger wird die Verständigung. Im Ergebnis verfestigen sich Milieus. Es bilden sich annähernd geschlossene Gesellschaften inmitten der Gesellschaft.

Das lässt sich gut an einem Beispiel verdeutlichen. Es gibt Quartiere im Stadtbezirk, in denen die Kirchen kaum mehr Menschen aus Gottesdiensten oder anderen gemeindlichen Zusammenkünften kennen. Nicht wenige von ihnen kommen gar nicht mehr auf die Idee, dass die Geburt eines Kindes, die Begründung einer stabilen Partnerschaft, der Tod eines Angehörigen ein Anlass sein könnte, mit dem Pfarrer und mit der Kirchengemeinde einen wenn auch nur temporären Kontakt aufzunehmen. Andere sind ohne religiöses Bekenntnis oder gehören einer anderen Religion an. Zu diesen Menschen fehlen den Kirchen schnell die Anknüpfungspunkte. Es mangelt an einer gemeinsamen und verbindenden Sprache. Man steht sich fremd gegenüber. Wo kirchenaffine Menschen gemeindlich zusammenkommen, prägen sie mit ihrer eigenen Sprache, ihrer Kultur und ihren Ritualen die Zusammenkünfte. Ihre hauptamtlichen Mitarbeiter kommen nahezu ausnahmslos aus den gleichen angestammten Milieus. Im Bereich der Jugendlichen sieht es nicht anders aus: Der weitaus größere Teil der Firmkandidaten und späteren Jugendleiter in Bad Godesberg zum Beispiel stammt aus bürgerlichen Schichten und besucht ein katholisches Gymnasium. Damit ist klar, dass viele Menschen im Stadtteil für gewöhnlich nicht mehr die »katholischen« Wege kreuzen – außer anonym auf der Straße. Die kirchlichen Gemeinden sind weitgehend Teil eines fest umschreibbaren Segments von Gesellschaft geworden, ohne es vermutlich bewusst so gewollt oder angestrebt zu haben. Das ließe sich auf viele andere Gruppierungen in der Gesellschaft übertragen. Die Separierung nimmt zu und lässt sich immer schwerer überwinden.

Es existieren also parallele Gesellschaften. Wenn irgend möglich, vermeiden die Menschen verschiedener, gegensätzlicher Milieus konsequent Begegnungen. Sie sind sich gegenseitig nicht nur fremd, sondern nicht selten auch abgeneigt und feindselig. Natürlich ist es eine Illusion zu glauben, die parallele Ordnung könne so perfektioniert werden, dass Begegnungen zwischen den Milieus gar nicht mehr nötig wären. In den USA und anderen Ländern mit großen sozialen Kontrasten bestehen seit Langem schon umzäunte Siedlungen, in denen Reiche versuchen, unter sich zu bleiben. Nur mit dokumentierter Einladung und Kontrolle gibt es Zugang für Menschen von außen. Nicht selten sind die Bewacher bewaffnet. Noch gibt es solche Siedlungen nicht in Deutschland, sie träfen aber mit Sicherheit auf ihre Interessenten. Ähnlich verhält es sich am anderen Ende der Gesellschaft. Auch hier gibt es bereits Beispiele für eine extreme Abgrenzung. Ebenfalls in den USA existieren Stadtteile, in denen ausschließlich Menschen aus den unteren sozialen Schichten leben. Hier gelten eigene Gesetze und Rangordnungen. Zutritt hat nur, wer dazugehört oder Schutzgeld zahlt. Auch in deutschen Großstädten spricht man bereits von solchen No-go-Areas, in denen das staatliche Gewaltmonopol faktisch ausgesetzt ist.

Doch jedwede Form künstlicher Abschottung wird nicht verhindern können, dass einige Wege zwangsweise über Kreuzungen führen. Begegnungen mit »Fremden« sind niemals auszuschließen, wirken aber unter diesen Bedingungen schnell provokanter. In Bad Godesberg sind solche Kreuzungspunkte schnell identifiziert. In der Innenstadt begegnen sich tagtäglich Schüler der verschiedenen Milieus auf dem Weg zu ihren jeweiligen Schulen. Manager kreuzen in ihren Wagen über die Straßen des sozialen Wohnungsbaus in der Mitte des Ortes, auf denen das andere Milieu auf dem Weg zu Mini-Jobs und Arbeitsagentur ist. Wer, sei es aus ökologischen, sei es aus ökonomischen Gründen, die öffentlichen Verkehrsmittel nutzt, kommt unweigerlich in Fahrzeuge mit »Fremden« jeder Art: Migranten und Topmanager, Performer und alleinerziehende Hartz-IV-Empfänger, reiche Araber und arme Beamtenwitwen, die Unternehmensberaterin und die Burka-Trägerin, Jugendliche mit Gel-Frisuren, provozierendem I-Phone und teuersten

Sneakers und andere mit Baseball-Kappe, die Jeans unter dem Ende des Rückgrats hängend.

Bei der Begegnung solch radikaler Extreme kann niemand ernsthaft annehmen, dass es zwischen den Milieus dauerhaft Frieden oder wenigstens eine ruhige Koexistenz geben könnte! Selbstverständlich wird es an den Knotenpunkten immer mal wieder zu Gewaltausbrüchen kommen. Logisch, dass es nächtliche Invasionen aus den abgehängten Milieus in die Villen der Superreichen geben wird.

Am 6. Mai 2016 kam es in Bad Godesberg zu einem Gewaltausbruch mit Todesfolge, der bundesweit Schlagzeilen machte. Jugendliche kamen von einem Konzert, andere Jugendliche kreuzten ihren Weg. Niemand weiß genau warum, aber die eine Gruppe begann auf einen Jungen der anderen einzuprügeln. Tritte und Schläge gegen den Kopf. Am 12. Mai 2016 starb der 17-jährige Niklas Pöhler an den Folgen der Verletzungen.

Der Stadtteil hielt vor Entsetzen den Atem an. Überall erlebte man Fassungslosigkeit und hörte zugleich den Satz: »Irgendwann musste sowas ja passieren.« Schnell wurde offensichtlich: Es hatte bereits viele Gewaltexzesse und Schlägereien zuvor gegeben. Es war lediglich die erste, die ein Leben forderte.

Es kam zu polizeilichen Ermittlungen, Anklagen, Zweifeln, Entlastungen, Belastungen und einem Prozess mit Freisprüchen. Es gab Solidaritätsbezeugungen für die Mutter des Opfers, Blumen und Kerzen am Tatort. Dazu Mütter, die von anderen Attacken auf ihre Kinder berichteten. Jugendliche Muslime, die weiße Rosen an einem Kreuz niederlegten. Rechtsextreme, die demonstrierten, weil Zeugenaussagen Täter mit Migrationshintergrund vermuten ließen. Viele Spekulationen in den Medien. Eine aufgeheizte Stimmung. Geklärt ist seither sehr wenig. Bis heute ist kein Täter identifiziert. Sicher ist: Der Fall machte in aller Öffentlichkeit deutlich, dass die Spannungen zwischen den Milieugrenzen zunehmen und sich jederzeit und gegen jeden mit Gewalt entladen können. Es ließ außerdem etwas anderes sichtbar werden: die Machtlosigkeit, auch die Tatenlosigkeit von Staat und Gesellschaft gegenüber der zunehmenden Polarisierung in der Bevölkerung und ihren Folgen. In fast allen größeren Städten verhält es sich ähnlich, auch wenn sich die Milieus dort weiträumiger verteilen. Auch dort gibt es überall diese Knotenpunkte: Weihnachtsmärkte, Boulevards, Straßenfeste. Die Milieus können sich nicht vollständig aus dem Weg gehen. Eine mobile Gesellschaft lässt sich nicht komplett separieren.

Gemeinsame Interessen in polarisierter Gesellschaft

Keineswegs geht es mir um billige und allzu schlichte Entschuldigungen für die Täter. Ihre persönliche Verantwortung gegenüber ihrem Mordopfer ist nicht mit dem Hinweis auf die soziale Schere wegzureden. Das gilt auch für andere kriminelle Delikte und für aggressives Verhalten. Diese Feststellung macht es aber nicht überflüssig, nach gesellschaftlichen Entwicklungen und deren tieferen Ursachen zu fragen, die Gewalt speziell unter Jugendlichen und jungen Erwachsenen fördern, und in der Konsequenz nach geeigneten Präventionskonzepten zu suchen. Andernfalls macht man sich mitschuldig an einer tragischen Entwicklung und einer Eskalation der Gewalt, die, wie man am Fall von Niklas Pöhler sehen kann, auch menschliche Opfer fordern wird.

Es ist gesellschaftspolitisch gründlich zu überprüfen, ob die Bildungschancen in unserem Land tatsächlich gerecht verteilt sind. Haben alle jungen Menschen offenen Zugang zu eigener Bildung und individueller Förderung? Welchen Einfluss haben Milieu und soziale Schicht auf die Möglichkeiten für einen Bildungsabschluss und die Zukunftsperspektiven eines jungen Menschen? Das sind zentrale Fragen, wenn wir der Polarisierung begegnen wollen.

Hier ist politisch, gesellschaftlich und pädagogisch zweifelsfrei viel nachzuholen. Zeitgleich und am gleichen Ort werden die einen Jugendlichen von ihren Eltern für zwei Jahre in ein britisches Internat geschickt, um perfekt die englische Sprache zu lernen, während andere Jugendliche ohne Abschlüsse aus dem Bildungssystem herausfallen und in Sprachlosigkeit und Lethargie versinken. Die Gegensätze könnten kaum größer sein. Und diese Gegensätze setzen sich fort.

Viele glauben, dass es nach den Vorstellungen einer Leistungsgesellschaft und den Prinzipien einer sozialen Marktwirtschaft berechtigt ist, dass es nicht nur Unterschiede in der Bildung, sondern auch bei der Lohngestaltung gibt. Die Vergütung für eine Krankenschwester oder eine Erzieherin weicht kolossal von der eines Topmanagers ab. Rational begründbar sind solche gewaltigen Gehaltsspannen nicht mehr! Die Lohnentwicklung hat sich seit Langem von dem, was gerecht wäre, entfernt. Und – das ist hier entscheidend – sie potenziert die gesellschaftliche Polarisierung und führt zu weiterer Separierung. Voll ausgebildete und qualifiziert arbeitende Angestellte in Erziehung und Pflege – und nicht nur die – müssen aus dem Umfeld ihres Arbeitsplatzes in entfernte Stadtteile ziehen, um sich Miete und Unterhalt leisten zu können. Familien mit mehreren Kindern müssen die zu klein werdende Mietwohnung im bürgerlichen Viertel verlassen und an die Peripherie umsiedeln. Die Eltern in vielen Milieus haben keine Gelegenheit, ihren Kindern nur annähernd den gewünschten Zugang zu zusätzlicher Bildung und Kultur zu ermöglichen. Diese Verzerrungen fordern eigentlich politische Handlungen. Dabei geht es in erster Linie nicht um die Deckelung von Top-Bezügen, also ob ein Manager eine oder zehn Millionen verdient, auch wenn es berechtigt wäre, darüber zu diskutieren. Die größere Aufmerksamkeit muss dem anderen Ende gelten. Bestimmte Berufsgruppen müssen eine solche Entlohnung erhalten, die ihnen ein solides Leben und die gleichberechtigte Partizipation an der Gesellschaft garantiert. Ob dies ohne zusätzliche Einbußen bei den Besserverdienenden möglich sein wird, ist fraglich.

So einfach diese Erkenntnis zu formulieren ist, so wenig realistisch ist es, dass es zu entsprechenden politischen Entscheidungen kommt. Sie würden Korrekturen am System fordern, die nicht gewollt sind, zumindest nicht von den gegenwärtig Privilegierten. Also leben wir mit den Gegensätzen, so als seien diese gottgewollt.

Daraus ergibt sich nun die drängende Frage, auf welchem Wege sich die Extreme der gesellschaftlichen Polarisierung abmildern und die Gegensätze der Gesellschaft zusammenführen lassen. Es muss etwas gefunden werden, das imstande ist, alle, zumindest möglichst viele, zu einem gemeinsamen und verbindenden Interesse zu führen. Ein solches gemeinsames Interesse wird keineswegs von allen gesehen und benannt. Vielmehr scheint es, als gebe es das bei entgegengesetzten Milieus grundsätzlich nicht.

Das aber, woran alle Interesse haben und was entsprechend ins Bewusstsein gehoben werden muss, ist der alle einschließende Sozialraum. In ihm muss jeder auf seine Weise leben können. Darunter mag im Einzelnen Verschiedenes verstanden werden. Aber es gibt eine große Schnittmenge: Alle wollen möglichst in einem guten sozialen Klima leben. In Frieden. Das ist das gemeinsame Interesse!

Der erste Anknüpfungspunkt ist dabei nicht ein Anspielen auf Nächstenliebe und Altruismus. Selbstverständlich: Die, die ihren Nächsten lieben und ihm deshalb Gutes tun, sind nicht nur einem Pfarrer immer herzlich willkommen!

Aber mit einem Appell an alle so genannten »Gutmenschen« wird sich nur wieder ein Segment, also ein kleiner Teil der Bevölkerung, ansprechen lassen. Er wird nicht ausreichen, unsere moderne Gesellschaft zu verändern. Wer den großen gemeinsamen Nenner im Blick hat, wird beachten müssen, dass heute für viele Menschen immer die Frage im Vordergrund steht: Was habe ich davon? Es ist der persönliche Gewinn, der Vorteil für die eigene Familie und die eigene Gruppe, die den Einzelnen motivieren. Selbstverständlich ist man bereit zu akzeptieren, dass auch andere von Vorzügen profitieren. Aber das nur unter der Voraussetzung, dass einem selbst dabei kein Nachteil entsteht. Wenn man das berücksichtigt, lässt sich, davon bin ich überzeugt, an allen Orten ein gemeinsames Interesse begründen und lassen sich Menschen für dessen Umsetzung gewinnen.

Wege aus den Milieu-Ghettos

Die Erfahrung von Gewalt am eigenen Lebensort, die Furcht vor dem anderen, dem fremden Milieu, die Unumgänglichkeit, dass sich die eigenen Wege mit denen anderer tagtäglich kreuzen, verweist auf den gemeinsamen Sozialraum. Wenn die Einsicht gewachsen ist, dass eine weitere Separierung nicht zum Ziel führt, nicht mehr Sicherheit und Ruhe bietet, bleibt nur die Alternative, gemeinsam etwas zu ändern – und zwar über die Milieugrenzen hinweg. Es ist die simple Einsicht: Wir sitzen in einem Boot. Wenn hingegen das WIR nicht entdeckt wird, werden sich die Extreme zwischen den Milieus weiter verschärfen und ernsthafte soziale Auseinandersetzungen wahrscheinlich. Es ist also im Interesse aller – derer, die nichts haben, sowie derer, die fast alles haben –, vor der eigenen Haustür für ein gutes soziales Klima aktiv zu werden.

Manchmal müssen wohl erst Katastrophen geschehen wie der Tod von Niklas, damit sich diese Einsicht durchsetzt. Sie hat die Godesberger Bevölkerung in der Seele getroffen. Wo der 17jährige zu Tode geprügelt wurde, mitten im Zentrum, an einem Verkehrsknotenpunkt mit Bahnhof, Busbahnhof, Hauptverkehrsader, kommen gefühlt alle Godesberger Tag für Tag vorbei. Der Tatort ist zu einem Realsymbol geworden: Es kann jeden treffen. Einen selbst. Die eigenen Kinder. Unübersehbarer konnte es nicht mehr werden: Es musste etwas geschehen.

Gegen die Trägheit der Systeme und der Menschen, gegen das Sich-dann-doch-Abfinden mit dem Unakzeptablen wurde die Frage laut: Was kann der Einzelne, was können WIR tun? Überall fanden sich Menschen in Gruppen zusammen. Nicht so organisiert wie beim Runden Tisch in der Flüchtlingsfrage als Repräsentanz aller involvierten Organisationen, aber mit ähnlich konkreten Zielen, Aufgaben und Handlungskompetenzen. Ihr kleinster gemeinsamer Nenner: Wir wollen in Bad Godesberg gut (über-)leben können.

Daraus ergaben sich die nächsten Fragen: Wie werden WIR unserer gemeinsamen Verantwortung im Sozialraum am besten gerecht? Wie können wir zusammenführen, anstatt weiter zuzusehen, wie die Milieus gefährlich auseinandertreiben? Wie können wir für alle Kinder und Jugendlichen den Sozialraum bestmöglich gestalten, damit sie sich relativ sicher in ihm bewegen können? Wo sind Extrementwicklungen einzudämmen, damit die Gegensätze sich nicht in Aggressionen aufladen und in Gewalt entladen?

Zentrale Voraussetzung für solche Überlegungen und Prozesse ist es, die Menschen vor Ort zum Dialog zusammenzuführen. Dieser muss niederschwellig und offen organisiert sein. Vielerorts dienen dazu Quartiersmanagements und Stadtteilkonferenzen. In Bad Godesberg mündeten die vielen einzelnen Gesprächsgruppen in einen von der Stadt

Bonn initiierten Leitbildprozess für den Stadtbezirk. In offenen Foren und Fachkonferenzen soll ein gemeinsames Interesse definiert und sollen konkrete Ideen für eine positive Veränderung des Sozialraums entwickelt werden. So vorzugehen wäre ratsam für jede Kommune, damit ein WIR entstehen und konkret werden kann.

Bürger für Bürger

Eine ähnliche Überlegung führte uns bereits 2005 zur Gründung der Bürgerstiftung Rheinviertel. Ihr Ziel war es, im Viertel ein neues Zusammengehörigkeitsgefühl zu erzeugen: Wir sind Gemeinschaft, Community. Wir wollten miteinander für ein gutes soziales Klima sorgen und gemeinsam dort anpacken, wo es nötig ist. Bürger sollten für Bürger tätig werden in der »Jugend-, Bildungs-, Sozial-, Kultur- und Altenarbeit« (Stiftungssatzung). Jeder sollte mitmachen können und möglichst viele sollten davon einen Nutzen haben. Eine Reihe der Stiftungsaktivitäten für Kinder, Jugendliche und Familien sowie in der Altenarbeit wurden in den vorhergehenden Kapiteln schon genannt, es gibt weitere. Die ursprüngliche Absicht bei der Stiftungsgründung, innerhalb von fünf Jahren zwei Kindertagesstätten zu retten, Jugendliche zu mobilisieren und mit einer Palliativschwester Sterbende zu begleiten, wurde bereits nach einem Jahr erreicht. Es ging viel schneller als erwartet. Wir waren selbst von dieser Dynamik überrascht. Seitdem wurde noch vieles mehr möglich. Die Stiftung gründete eine weitere Kindertagesstätte, das Netzwerk der kirchlichen Kindergärten mit heute vierzehn Einrichtungen und über 700 Kindern, den ersten Inklusionskindergarten der Region und einen bundesweit einmaligen heilpädagogischen Beratungs- und Förderdienst für Kinder mit Beeinträchtigungen. Es entstanden das Familienzentrum Rheinviertel und die Akademie Bad Godesberg, in der die Erzieher/innen des eigenen Netzwerks und viele Externe Weiterbildung erfahren. Für Jugendliche wurden ein Treffpunkt geschaffen und drei Jugendreferenten angestellt. Inzwischen erreicht die Stiftung mehrere Hundert Jugendliche jedes Jahr. Für die Generation 50+ wurden ein eigenes Programm aufgelegt und ein Mehrgenerationenwohnprojekt auf den Weg gebracht. Ferner wurden zwei »Integrierte Hospize« in Seniorenheimen eingerichtet, dazu ein ambulanter Palliativdienst. Insgesamt beschäftigt die Stiftung vier Hospizschwestern und betreut damit in jedem Jahr 150 Sterbende in Heimen und daheim. Sie unterstützt vier Klöster, von denen aus gut zwanzig Ordensschwestern caritativ und pädagogisch tätig werden. Eine angestellte Ehrenamtskoordinatorin ist für die vielen ehrenamtlichen Helfer und Förderer da. Inzwischen sind es jedes Jahr tausend. Das historische Mausoleum einer Privatfamilie am Rheinufer wurde restauriert und steht jetzt als Urnengrabstätte der Bürgerschaft zur Verfügung. Perspektivisch finden dort 3000 Menschen ihre letzte Ruhe.

Um Bildungschancen zu erhöhen, ermöglichte die Bürgerstiftung Rheinviertel die frühe Sprachförderung schon im Kindergartenalter für Kinder mit Migrationshintergrund oder mit besonderem Förderbedarf. Zudem initiierte sie ein Buchpatenprojekt vor allem für Grundschüler mit mangelnden Deutschkenntnissen bzw. Sprachfähigkeiten. Einmal pro Woche treffen sich die Kinder einzeln mit ihrem je eigenen ehrenamtlichen Paten. Sie lesen und sprechen über das Gelesene. Es geht dabei um Sprachkompetenz, Selbstbewusstsein und Wertschätzung ihrer Person. Natürlich wachsen in diesen regelmäßigen Begegnungen auch persönliche Beziehungen – über Milieugrenzen hinweg. Es bedarf kaum der Erwähnung, dass nicht nur die Kinder, sondern auch die ehrenamtlichen Paten ihre gemeinsamen Zeiten genießen. Mittlerweile gibt es das Buchpatenprojekt an vier Grundschulen.

Die Bürgerstiftung Rheinviertel ist in knapp fünfzehn Jahren zu einem von Bürgern getragenen Sozialunternehmen herangewachsen. 70 Mitarbeiter arbeiten in ihren Einrichtungen und Projekten. Viele Bürger/innen setzen sich für die erforderlichen Geldmittel und mit ihren Talenten ein. In Vorstand und Kuratorium wirken Menschen mit vielfältigen Ressourcen. Damit gemeint sind Netzwerke, berufliche Kompetenzen und finanzielle Möglichkeiten. Dazu kommen Unternehmen, die die Stiftung mit Finanzmitteln oder Sachleistungen fördern, und eine inzwischen unüberschaubare Zahl Engagierter. Zu diesem breit aufgestellten WIR der Stiftung gehören der Eventmanager, der ein Wohltätigkeitskonzert organisiert, genauso wie der Fotograf, der Publikationen und Homepage mit Fotos versieht, und der IT-Spezialist, der eine spezielle Datenbank für die Betreuung der Ehrenamtlichen entwickelt. Dabei sind der Rentner und der Jugendliche, der DAX-Vorstand und der Sozialhilfe-Empfänger. In den Teams arbeiten Katholiken, Protestanten, Konfessionslose und Muslime miteinander. Jeder gibt – das ist der Claim der Stiftung – seine »Gabe zu geben«. Die Idee geht auf: Eine neue Community ist entstanden. Das soziale Klima hat sich gewandelt. Das ist auch wahrnehmbar für Besucher von außen.

Die katholische Kirchengemeinde hat, angeregt durch die Dynamik der Stiftung, weitere Milieugrenzen überschreitende Projekte gegründet. Im »Suppenhimmel« mitten in der Innenstadt von Bad Godesberg werden seit 2016 an sechs Werktagen pro Woche kostenlose Mittagessen ausgegeben. Hier kommen täglich 70 Hungrige, unabhängig von Religion, Herkunft oder Kultur, zusammen. Die Mahlzeiten werden von Godesberger Restaurants und Hotels kostenlos geliefert. Es ist den Gastronomen ein erkennbares Anliegen, dass Menschen nicht hungern müssen. Vielleicht bewegt sie zudem das Interesse daran, dass in ihrem geschäftlichen Umfeld der Eindruck von Armut und sozialer Not nicht offen zutage tritt. Das schmälert aber nicht ihre humanitären Beweggründe. Darüber hinaus engagieren sich mehr als 100 Godesberger ehrenamtlich im »Suppenhimmel« in Organisation, Essensausgabe und weiteren Diensten.

Im selben Raum, vor und nach den Mahlzeiten des »Suppenhimmels«, gibt es den »Soziallotsenpunkt« – ein niederschwelliges Angebot für Menschen in Krisen, die alleine nicht mehr zurechtkommen. Staat und Gesellschaft bieten zwar vielfältige Hilfen und Unterstützung in Notlagen an. Es gibt aber immer mehr Menschen, denen die bürokratischen Hürden zu hoch, die Wege zu weit, die aufzubringende Energie zu viel, die Spezialisten und Spezialisierungen zu unübersichtlich sind. Die Hilfesuchenden finden nicht zu den Hilfsangeboten – ein Phänomen, das zunimmt und überall in Sozialarbeit und -wissenschaft bekannt ist. Im Lotsenpunkt halten sich Menschen für sie bereit, die ihnen bei einer Tasse Kaffee kostenlos, vertraulich und auf Wunsch auch anonym die kürzesten Wege zu Hilfsangeboten zeigen, neue Richtungen aufweisen und bürokratische Hürden zu überwinden helfen. Die Ehrenamtlichen erhalten selbst eine Ausbildung und Begleitung für ihre Dienste. Geplant ist, den »Lotsenpunkt« auch mobil zu machen: Die Soziallotsen sollen zukünftig nicht nur Wege zeigen, sondern zu Behörden, Ärzten, psychotherapeutischer Hilfe, Kriseninterventionen mitgehen können. Das Projekt hebt Grenzen zwischen Informierten und Nicht-Informierten auf und ermöglicht so neu Eigenverantwortlichkeit und Selbstständigkeit.

Solche und ähnliche Initiativen bieten die Möglichkeit, Milieugrenzen zu durchbrechen. Damit das gelingt, ist es wichtig, dass zu den ehrenamtlich Engagierten aus den bürgerlichen Milieus auch Menschen aus sozial schwachen Schichten finden. Auch solche, die von Hilfsbedürftigen zu Helfern werden. Wer mit Hilfe des Lotsenpunktes oder Suppenhimmels seine eigene Krise überwinden konnte, bringt für die Krisenbewältigung anderer wertvolle Kompetenzen mit. Wer als Migrant durch die Lesepaten Sprachkompetenz entwickelt und eine neue Heimat gefunden hat, kann selbst ein geeigneter Pate werden: für den Spracherwerb und die Integration. Das ist nicht leicht und geht nicht von heute auf morgen. Aber es geht.

Natürlich haben solche Projekte nicht zur Folge, dass hier die Grunddynamik im gesellschaftlichen Prozess aufgehoben und umgelenkt, also die soziale Schere geschlossen würde. Bei allem guten Bemühen vor Ort ist es undenkbar, einen Mikrokosmos mit eigenen Gesetzen und Wirklichkeiten zu schaffen, eine Insel der Seligen. Wohl aber lässt sich einer Reihe von Menschen aus ihren Milieughettos heraushelfen – nicht nur den Armen. Die Erfahrung zeigt: Auch das geht.

Das Engagement der Kirche in solchen Projekten entspricht dem Sinn und Zweck ihres Auftrags. Sie lebt die Nächstenliebe. Das bringt ihr zudem Beachtung und Respekt in der Bevölkerung, nicht zuletzt bei Kirchenfremden ein. Die Bürger sehen die Kirchensteuermittel sinnvoll eingesetzt. Kritische Anfragen an das Finanzgebaren der Großorganisation Kirche werden weniger. Neue Menschen werden angesprochen, für die Mitarbeit gewonnen, ihr Interesse an Glaube und Kirche wird geweckt. Auch innerhalb der Kirche verändern sich Verhaltensmuster und Kommunikationsformen. Natürlich reicht es nicht mehr aus, in Sonntagsgottesdiensten hinter Kirchenmauern oder in Pfarrbriefen mit begrenztem Adressatenkreis um Mitarbeiter zu werben. Die wenigsten Gemeinden dürften so die hinreichende Zahl von Helfern erreichen. Der Kirche bleibt – Gott sei Dank – keine andere Wahl: Sie muss neue Wege gehen, wenn sie Neues erreichen will. Sie muss Milieugrenzen überwinden. Das heißt: den ansprechen und an der Haustür dessen klingeln, den sie nicht kennt. Wir reden von Ehrenamtswerbung in Tageszeitungen, sozialen Medien und persönlicher Ansprache. Die Botschaft ist inklusiv: Jeder kann mitmachen. Und die Botschaft wird wahr- und angenommen!

Das wird aber nur möglich, wenn in ehrlichen und offenen Prozessen gearbeitet wird. Das bedeutet: Jeder kann sich auf seine Weise einbringen, in seiner Unterschiedlichkeit, auch mit seiner Milieusicht. Niemand muss nach von anderen vorgegebenen Mustern und Vorgaben arbeiten. Nur so bildet sich in den Projekten die Vielfalt der Milieus ab. Zu solcher Offenheit gehört selbstverständlich, dass Helfer sich aus Projekten auch wieder verabschieden können.

Wenn von offenen Prozessen die Rede ist, heißt das ausdrücklich nicht, dass damit alle milieuinternen und milieugebundenen Projekte und Engagements zugunsten des Größeren aufgegeben werden müssen. Schließlich geben auch die Binnenstrukturen Menschen Halt und entlasten einen umfassenderen Prozess.

Das WIR und die kommunale Politik

Unsere Demokratie ist ein gemeinschaftlicher Gesellschaftsentwurf. Sie wird nicht überleben können, wenn sie in elitäre und sozial abgehängte Sub-Milieus und -Systeme zerfasert und zerfällt. Das Land würde unregierbar. Vorzeichen für eine solche Entwicklung zeigen sich in der Stärkung der extremen Rechten und Linken mit Parteien, die bei der

Bundestagswahl 2017 schon ein gutes Drittel der Stimmen gewannen. Diese politische Polarisierung drückt die darunterliegende gesellschaftliche Polarisierung aus. Hier geht es nicht um gemeinsame Interessen, sondern um populistische Abgrenzung. Man nutzt die Unzufriedenheit und Verunsicherung, auch die Aggression, die in vielen Teilen der Bevölkerung durch eine zunehmende Polarisierung und Segmentierung in der heterogenen Gesellschaft ausgelöst werden. Auch die wachsende Unbeherrschbarkeit mancher sozialen Probleme, weil der Staat nicht substituieren kann, was einen Kollaps der klassischen Subsysteme bewirkt, spielt den radikalen Kräften in die Hand. Hinzu kommt ein scheinbar nicht unerheblicher Verlust der etablierten Parteien an Nähe zu den Bürgern und an Glaubwürdigkeit. Umfragen im Sommer 2018 zufolge hat die große Koalition aus CDU und SPD ihre Mehrheit verloren. Das kennzeichnet einen Einbruch in der Bedeutung der Volksparteien, den man noch vor wenigen Jahren für undenkbar gehalten hätte. Die Entwicklung ist bereits weit fortgeschritten. Es wird zunehmend schwerer zu regieren.

Es wäre wichtig, dass die klassischen Parteien in Deutschland den Ernst der Lage erkennen. Manchmal macht es den Eindruck, als würden sie erwarten, dass die Verschiebung in der Parteienlandschaft wie ein Unwetter vorüberzieht und sich anschließend die alten Machtverhältnisse wieder einstellen. Das ist eine tragische Fehleinschätzung. Anstatt der Entwicklung bewusst entgegenzusteuern, machen die Parteien weiter wie immer.

Das gilt auch und besonders für die kommunale Politik. Sie erstarrt in seit Langem etablierten Strukturen. Werden ihre Funktionäre plötzlich von besonderen Ereignissen herausgefordert – wie der gewaltsame Tod eines jungen Menschen auf der Straße –, äußern sie zwar durch ihre Repräsentanten Betroffenheit, fallen aber bei der Suche nach den Gründen sehr schnell in ihre gestanzten Denkmuster zurück. Das heißt, sie grenzen sich im Klein-Klein parteilicher Streitigkeiten voneinander ab. Das erspart ihnen eine mühsame Verständigung über die gegebene Realität und die erforderlichen Maßnahmen. Doch so kommen kein gemeinsames Interesse und kein zufriedenstellender Lösungsansatz zustande. Und solches Verhalten fördert die Politikverdrossenheit in der Bevölkerung.

Gerade aber die kommunale Politik hätte die Chance, eine Nähe zum Bürger herzustellen und durch überzeugende Ideen mit für einen »Common sense« zu sorgen. Doch die Parteien sind von einigen Ausnahmen und wenigen Vertretern abgesehen an den gesellschaftlichen Prozessen vor Ort kaum mehr beteiligt. Kein Kommunalpolitiker hat sich in Bad Godesberg bisher mit den Soziallotsen zusammengesetzt und diese nach den Knackpunkten im Sozialsystem gefragt. Keiner kam auf die Idee, sich beim »Suppenhimmel« einzufinden und zu informieren, wie viele Menschen vom Mittagstisch abhängig sind und warum. Keine Frage an die beliefernden Gastronomen, aus welchem Grund sie sich engagieren. Nicht einmal eine Anerkennung für sie und die ehrenamtlichen Helfer. Mehr als fünfzehn Jahre wirkt die Bürgerstiftung Rheinviertel mit ihren vielen Projekten und beeinflusst das soziale Leben in der Kommune. Es gab in diesen Jahren nicht einen proaktiven Versuch der Kontaktaufnahme durch die örtlichen Parteien. Kaum zu glauben, aber keine Ausnahme in der kommunalen Landschaft. Dabei wäre doch hier Stoff für ihre parteilichen Programme zu gewinnen und wären Menschen mit ihren Netzwerken zu erreichen!

Die Parteien fallen als Motoren zivilgesellschaftlicher Prozesse aus. Sie sind weder als Impulsgeber noch als Wegbereiter für Veränderungen wahrzunehmen. Das ist ein schwerwiegender Befund. Selbstzufriedenheit, Selbstfixierung und Monotonie in den parteilichen Abläufen lassen sie Entwicklungen außerhalb bestenfalls am Rande wahrnehmen. Der Kommunalpolitiker sieht sich immer noch in der Rolle des Bewerters und Entscheiders. Er führt die klassischen Themen wie Bau- und Liegenschaftsangelegenheiten, Verkehr, Zuweisung von Bildungsmitteln in den kommunalen Parlamenten zu Entscheidungen. Diese selbst geschaffene Isolation macht die Parteien zu Verwaltern alter Strukturen und Gesellschaftsbilder. Entsprechend werden sie auch selbst als »alt« wahrgenommen. Nicht einmal schwindende Mitgliederzahlen und immer weniger Wählerstimmen brechen diese Verschlossenheit auf. Also taucht der Kommunalpolitiker außerhalb der politischen Entscheidungsgremien als Ehrengast auf, aber nur selten als neugieriger Beobachter, der nachfragt, Wertschätzung bekundet und ziviles Engagement mit seiner Kompetenz unterstützt. Sicher wird man den Mandatsträgern auf Kommunalebene zugestehen müssen, dass sie ihre Ämter ehrenamtlich versehen. Die Sitzungen und deren Vorbereitungen fordern viel von der ihnen zur Verfügung stehenden Zeit. Aber das allein erklärt und rechtfertigt nicht die Situation.

Fest steht: Die Distanz zwischen den Menschen, die politische Entscheidungen herbeiführen, und denen, die zivile Prozesse auf den Weg bringen, ist extrem hoch. Fast möchte man auch hier von getrennten Milieus reden. Das erschwert es, ein gemeinsames Interesse zu definieren und ein WIR-Gefühl zu entwickeln, das sich gemeinsamen Zielen zuwendet.

Die kommunalen Parteien erkennen nicht, dass große gesellschaftsübergreifende und überparteiliche Koalitionen bei allen Unterschieden notwendig sind und zugleich eine Chance für die Erneuerung der Parteien bieten. Sie sehen nicht die Bedeutung, die sie für die Solidarisierung der Bürger und die Formulierung eines gemeinsamen Interesses vor Ort haben könnten. Wenn sie aber aufhören würden, in ihrer innerparteilichen Ritualisierung bereits Politik zu sehen, sich als ewige Bedenkenträger und Besserwisser gegen jede Idee außerhalb ihres milieuverhafteten Parteiprogramms aufzuführen, dann könnten sie die Dynamik eines »Wir machen das« aufnehmen, dem WIR beitreten. Im eigenen Interesse. In unserem.

Kurz:

Die gesellschaftliche Polarisierung schreitet fort: in der Vermögensverteilung, in der Bildung, in den Lebenskulturen. Öffentliche Institutionen staatlicher und privater Art verstärken die Separierung oft noch. Gegenüber Milieufremdem wachsen Misstrauen, Furcht, Ablehnung, Aggressionen und Gewalt.

Die Polarisierung ist wesentlich nicht nur ein gesellschaftliches, sondern auch ein politisches Problem und eines der Parteien. Es hat Gefährdungspotenzial für die moderne Demokratie.

Der Versuchung weiterer Separierung und Einkapselung steht die Idee gegenüber, ein WIR zu bilden: Was, bei allen Unterschieden, ist das gemeinsame Interesse der Bürger? Was kann getan werden, um dieses gemeinsam zu realisieren?

Wichtig für die Herstellung eines WIR-Gefühls ist das verbindende Interesse der meisten an der positiven Gestaltung des unmittelbaren Sozialraums.

Forderungen:

1. Die Gegenbewegung zur Polarisierung und Begründung des WIR beginnt mit dem kritischen Blick auf sich selbst. Jeder muss sich fragen: Was ist der eigene Beitrag zur Abgrenzung? Wie wird es das eigene Leben verändern, vielleicht sogar gefährden, wenn sich der Prozess der Polarisierung fortsetzt und kein WIR bildet?

2. Eine ehrliche Chancengleichheit in der Bildung und im Zugang zu den Ressourcen muss Ziel politischer Entscheidungen sein. Alle Gruppen in der Gesellschaft sollten an ihr interessiert sein!

3. Insbesondere in den Kommunen muss der Versuch unternommen werden, Menschen milieuübergreifend zum Dialog über die Zukunft des eigenen Sozialraums zusammenzuführen. So kann ein WIR entstehen.

4. Im bundesweit ein WIR-Gefühl zu ermöglichen, braucht es eine ehrliche Transparenz über die sozialen Problemlagen und den Appell, sie als Herausforderung der gesamten Zivilgesellschaft zu verstehen und anzunehmen. Wichtig ist die Botschaft: Alle sind betroffen und gefordert!

5. Die etablierten politischen Parteien müssen ihre staatstragende Isolierung aufgeben und sich dem WIR der Zivilgesellschaft stellen. Sie müssen in die zivilgesellschaftlichen Prozesse eintreten und partizipieren, anstatt sie nur zu bewerten!

6. KAPITEL

GROSSE PLAYER TRAGEN GROSSE VERANTWORTUNG
Wirtschaft, Staat und Kirchen

Wie bekommen junge Vögel, die aus dem Nest fliegen möchten, Luft unter die Flügel, damit ihr Start in die Eigenständigkeit gelingt? Wie erhalten gute und innovative Ideen die Ressourcen, die es für ihre Realisierung braucht? Wie kommt man – eine nicht nebensächliche Überlegung – zu dem erforderlichen Geld? Das sind Fragen, mit denen sich kreative Köpfe immer befassen müssen, wenn ihnen etwas an ihrer Idee gelegen ist, und an denen manches Projekt bereits im Ansatz scheitert. Das sind die Hürden, vor denen viele Initiativen aus der Bürgerschaft stehen. Sie sind nicht einfach zu überwinden.

Schnell ist man geneigt, nach der Unterstützung des Staates zu verlangen. Doch es ist gerade dieser Reflex, der in vielen Bereichen zum Kollaps der Systeme beigetragen hat. Die Gesellschaft hat ihre Verantwortung viel zu sehr in die Zuständigkeit des Sozialstaats verlagert, ohne zuvor hinreichend ihre eigenen Möglichkeiten ausgeschöpft zu haben. Die sich daraus ergebende Überforderung des Staates provoziert – wie bereits dargestellt – Probleme in erheblichem Ausmaß. Um diese jetzt zu lösen, braucht es zuerst Ideen und Ressourcen nicht vom Staat, sondern aus der Gesellschaft. Nur so wird vermieden, dass bekannte Fehler wiederholt und die Lage verschärft wird. Es ist das Subsidiaritätsprinzip, das neu zur Anwendung kommen muss. Jeder in der Gesellschaft ist zunächst gefordert, seinen Beitrag für notwendige Veränderungen zu leisten. Beim Bürger liegt die erste Verantwortung für die Bereitstellung der erforderlichen Ressourcen. Theoretisch ist das klar, aber ob das praktisch die Realität wird, ist die Frage. Das gilt besonders, da nicht wenige Problembereiche Kollapssymptome zeigen und nach schnellen Reaktionen verlangen. Um im Bild der Vögel im Nest zu bleiben: Die notwendige Luftstärke könnte erst aufgebracht sein, wenn der Sommer vorüber ist. Die trostlose Konsequenz: Wintereinbruch. Tod im Nest.

Dass junge Vögel Luft unter die Flügel brauchen, um nicht abzustürzen, sagte mir ein Unternehmer am Tag der Gründung der Bürgerstiftung Rheinviertel. Gemeint war damit, dass Ideen gerade zu ihrem Beginn kräftige Unterstützung benötigen, damit sie zünden. Wir waren von unserem Konzept zutiefst überzeugt, aber unsicher, ob wir das Geld aufbringen würden, um unsere Pläne umsetzen zu können. Das Erzbistum Köln hatte uns die Schließung zweier Kindergärten und weitere Sparmaßnahmen auferlegt. Es schien uns jedoch absurd, im Kinder- und Jugendbereich zu kürzen. Undenkbar, dass sich die Kirche hier aus ihrer Verantwortung zurückziehen wollte, in einer der kinderreichsten Regionen Nordrhein-Westfalens. Ein strategischer Irrtum und ein verheerendes Signal in Richtung Öffentlichkeit! Wir wollten uns damit nicht zufriedengeben. Also entstand die Idee, eine Stiftung zu gründen und die Dinge selbst in die Hand zu nehmen. Die Stiftung sollte zunächst die Kindergarten-Trägerschaft übernehmen und mit der Einstellung eines Jugendreferenten und einer Hospizschwester in die gemeindliche und soziale Infrastruktur investieren. Unsere Hoffnung war es, die Bürger für unser Projekt zu gewinnen. Wir setzten auf ihre Großzügigkeit und Unterstützung. Bei den weiteren Planungen wurde deutlich, dass es perspektivisch mehrere Millionen brauchen würde, um die geplanten Projekte nachhaltig zu finanzieren. Bei den Zahlen wurde mir heiß und kalt. Würden wir uns übernehmen? War es nicht besser, ganz im Nest des Erzbistums zu bleiben und sich folgsam von dem zu trennen, was man in Köln vorgab? Zwar nahm man sich damit jede eigene Flugperspektive, aber man konnte sicher sein, nicht böse abzustürzen.

Wir blieben bei unserem Vorhaben. Uns trieb eine Mischung aus Mut, Tollkühnheit und Gottvertrauen. Ohne die geht es nicht. Niemand wusste aber, ob die Rechnung aufgehen und sich die Idee aus ihrem kleinen Nest erheben würde. Am Ende der offiziellen Gründungsversammlung kam jener Unternehmer an meinen Tisch und äußerte den Satz von den jungen Vögeln, die Luft unter den Flügeln brauchen. Dann sagte er die Finanzierung eines der beiden Kindergärten zu. Das war wie eine Windböe unter die Schwingen der jungen Idee. Wir waren dadurch hoch motiviert und auf einmal ohne jeden Zweifel: Das Konzept kann aufgehen. Der Vogel kann fliegen.

Ideen im Nest – die Luft woanders

Wenn kreative und sinnvolle Ideen »an der Basis«, also beim Bürger, geboren werden, braucht es großzügige und tatkräftige Unterstützung, auch wenn man nicht sicher sein kann, ob die Investition zum Erfolg führt. Gemeint ist nicht, dass sich große Institutionen solcher Ideen bemächtigen und sie mit ihrer Allzuständigkeit und erdrückenden Verwaltungspotenz schlucken. Das wäre für die Projekte nicht gut und hätte die falschen Auswirkungen auf die Bürger. Sie wären in ihrem Reflex bestätigt, Veränderungen von den »Großen« zu erwarten und diese deshalb an sie zu delegieren. Es geht vielmehr darum, dass viele gute Ideen nicht die Kraft und den langen Atem besitzen, wenn sie nicht zur richtigen Zeit die Unterstützung potenter

Institutionen in Wirtschaft, Kirche und Staat finden. Der engagierte Bürger braucht und verdient engagierte Förderung. Andernfalls überlässt man ihn den allgegenwärtigen Bedenkenträgern, denen, die schon immer wussten, dass so etwas nicht funktionieren kann. Denen, die den Stillstand pflegen und Vergangenes konservieren.

Gute Ideen brauchen, nicht zuletzt weil sie meist die Möglichkeiten eines Einzelnen oder einer kleineren Gruppe übersteigen, den Zuspruch, die kluge Unterstützung, die wohlwollende Förderung, die finanziellen Ressourcen und auch das professionelle Knowhow Dritter. Es braucht das Geld, die Kompetenz und die Experten aus der Reihe der großen Player.

Nun sind zum Beispiel staatliche Institutionen und kirchliche Behörden nicht gerade affin für neue, unkonventionelle und schnell umzusetzende Ideen. »Spontaneität« und »rasches Entscheiden« würden sie wohl selbst nicht zu ihren besten Talenten zählen. Das sind aber Stärken des Bürgers! Wenn nun, wie bei den beiden Kindergärten, nicht viel Zeit ist, einer Schließung zuvorzukommen, ist auch nicht viel Zeit, eine gute Idee lange in Schubladen und auf Schreibtischen einer Verwaltung todsicher durchzuprüfen. Oft ist zu handeln, und zwar zügig.

Der Staat fragt aber, ob die Idee auch in vier oder fünf Jahren noch trägt. Er wird prüfen, ob sie juristisch abgesichert und welchem Zuständigkeitsbereich sie zuzuordnen ist. Man wird klären und bezweifeln, ob sie im Etat des nächsten und übernächsten Jahres vorgesehen werden kann. Die Kirche fragt, ob die Idee mit ihrer 2000-jährigen Tradition übereinstimmt und in Ewigkeit bestehen kann. Das heißt, beide Großinstitutionen gehören zu den prinzipiellen Bedenkenträgern und Zauderern. Die setzen das große Potenzial, das sie vorrätig hätten, nicht ein, um Ideen zu fördern, die vor Ort und oft überregional Problemlösungen ermöglichen. Stattdessen finanzieren sie große Verwaltungsapparate und einen Berg ausbremsender Vorschriften. Längst aber müsste die Förderung von zivilgesellschaftlichem Engagement zur festen Ressortbeschreibung eines Ministeriums im Bund und in jedem Bundesland gehören und mit erheblichen Finanzmitteln ausgestattet sein, damit bürgerschaftliches Engagement gestärkt wird.

Auch in Teilen der freien Wirtschaft und in den großen Konzernen sind nicht selten ähnliche Verhaltensmuster präsent wie in Staat und Kirchen. Selbst wenn man hier an den Gedanken gewohnt ist, dass die Investition in neue Entwicklungen, Produkte und Strategien die Zukunft eines Unternehmens garantieren, heißt das noch nicht, dass man die Notwendigkeit erkennt, dass auch außerhalb des Betriebs Investitionen getätigt werden müssen. In der Wirtschaft verhindert vor allem die Beschäftigung mit der eigenen Branche und den gesetzten Unternehmenszielen, sich im Sozialraum umzuschauen und die Erfordernisse unternehmerischer Verantwortung zu erkennen. In den üblichen Gewinn- und Verlustlisten sind solche Engagements schwer unterzubringen und fallen deshalb nicht selten ganz aus. Obwohl sie in vielerlei Hinsicht gewinnbringend wären.

Diese Verhaltensmuster der großen Player im Land haben viel mit dem Kollapstrend der Systeme sowie der Polarisierung und Separierung unserer Gesellschaft zu tun. Auch die »Großen« stehen für sich, betreiben Nabelschau und ringen um ihre Existenz. Der Staat in Bund, Land und Kommunen erfährt Demokratie- und Politikverdrossenheit und steht unlösbaren Aufgaben gegenüber. Parteien, Gewerkschaften und Kirchen sind mit erheblichem Bedeutungsverlust konfrontiert. Konzerne und Unternehmen ringen mit den Herausforderungen eines globalen und digitalen Marktes. Da bleibt wenig Raum, um über größere Zusammenhänge nachzudenken, auch wenn es nötig wäre, weil doch am Ende alle in ihnen und auch von ihnen leben. Selbst in den Institutionen, in denen der Blick nach außen eigentlich zum Selbstverständnis zählt, weil man an der Gestaltung der Gesellschaft mitwirken will, geschieht das. Bei Parteien, Gewerkschaften, auch den Kirchen konzentriert man sich immer mehr auf eine Selbstbeschäftigung und die ewig neue Entwicklung von Strukturreformen, mit denen man der eigenen Krise begegnen will. Man hat hier noch nicht erfasst, dass gerade in der Hinwendung zum Außenliegenden die Chance besteht, die jeweils eigene Krise zu überwinden und das ermüdende Drehen im Kreis zu durchbrechen.

Es wäre damit nicht nur eine moralische Pflicht, sondern ebenso ein Gewinn für die Mega-Institutionen, sich den großen gesellschaftlichen Themenfeldern zuzuwenden. Sie hätten die Möglichkeit, ihre eigene Daseinsberechtigung und Notwendigkeit zu beweisen. Die allermeisten in der Gesellschaft interessiert es nicht – um bei »meiner« Institution zu bleiben –, ob die katholische Kirche das Zölibatsversprechen der Priester aufhebt, ob sie Geschieden-Wiederverheirateten einen Segen ermöglicht oder konfessionsverschiedene Paare zur Kommunion zulässt. Diese Themen sind sicher theologisch bedeutsam und müssen unabhängig von Mehrheiten in der Verantwortung vor Gott beantwortet werden. Aber für die überaus meisten ist zuerst von Interesse, was die Kirche zur positiven Entwicklung der Gesellschaft beiträgt, in der sie und ihre Kinder leben. Nicht wenige erwarten hier von den Kirchen noch etwas, gerade weil die gesellschaftlichen Entwicklungen an vielen Stellen die Würde des Menschen in Frage stellen und ein Zusammenleben gefährden. Es geht um soziales Engagement, das offene Wort und nicht zuletzt auch um spirituelle Impulse. Alles ureigene Aufgaben der Kirche. Hier wäre viel Akzeptanz und Glaubwürdigkeit zu gewinnen.

Eine billige Schelte auf »die Institutionen« ist hier nicht beabsichtigt. Gewerkschaften, Parteien, Kirchen haben großen Anteil an der sozialen und demokratischen Gestalt von Staat und Gesellschaft. Die heute selbstverständlichen Errungenschaften von Mitbestimmung, solidarischem Kranken- und Arbeitslosenschutz, Rentensystem, Krankenpflege, Bildung, Wahlrecht und Menschenrechten sind ohne sie nicht zu denken. Das ist ihr großes historisches Kapital, bis heute unverzichtbar. Aber mir scheint, diese Institutionen sitzen darauf und wagen nicht in Neues zu investieren. Das mag im ermüdenden Lauf der Zeit begründet sein. Institutionen verlieren an Energie, Risikobereitschaft und Zielstrebigkeit, werden träge und selbstgenügsam. Aber zumindest die Kirchen haben historisch gesehen mehrfach, wenn auch nicht immer, freiwillig Innovationsvermögen bewiesen. Sie haben sich aus Krisen und Fehlentwicklungen befreit und Niederlagen verarbeitet. Sie haben sich auf ursprüngliche Ideale besonnen und neuen Herausforderungen gestellt. Es wäre bedeutsam, diese Fähigkeit neu zu wecken, nicht nur in den Kirchen. Die Gesellschaft kann auf die Potenziale der großen Player nicht verzichten, wenn sie sich denn ihrer Aufgaben erinnerten und von der Nabelschau abließen. Ohne ihr Mitwirken wird der Idee einer neuen Zivilgesellschaft die dringend benötigte Luft unter den Flügeln fehlen.

Die Kirche: In sich versunken

Dass es möglich ist, eine Idee nach vorne zu bringen und zum Erfolg zu führen, zeigen nicht nur die Projekte, über die ich bereits berichtet habe, sondern viele Initiativen im ganzen Land. Bevor ich auf die Frage eingehe, wie es möglich ist, an die nötigen Ressourcen zu kommen und auch große Player von einer Beteiligung zu überzeugen, erlaube ich mir einen Exkurs zu »meiner« Groß-Institution, der katholischen Kirche.

Es wird nicht überraschen: Ich setze auf sie und ich arbeite für sie. Ich reibe mich an ihr und bleibe in ihr. Ich bin einer ihrer Priester und finde darin meine Aufgabe, meine Motivation und meine Identität. Selbstverständlich ist also, dass ich mich auch mit der Kirche kritisch auseinandersetze. Mir ist an ihrer Zukunft gelegen und ich bin überzeugt davon, dass sie einen bedeutsamen Beitrag zur Idee der neuen Zivilgesellschaft leisten kann. Allerdings hat das Voraussetzungen.

Mein Eindruck ist, die Kirche hat es sich zur Gewohnheit werden lassen, den Prozessen, die sie vor sich sieht, nur noch hinterherzulaufen. Statt ihre Situation konstruktiv nach vorne zu entwickeln, organisiert sie destruktiv ihren eigenen Abbruch. Sie hat es sich abgewöhnt, wachsen zu wollen. Stattdessen ist in kirchlichen Kreisen mit Vorliebe vom »Gesund«-Schrumpfen die Rede. Wenn die Kirche weiterhin personell und institutionell nur auf die alten Ressourcen setzt und keine Alternativen entwickelt, wird sie sehr bald nicht einmal mehr die Kraft aufbringen, ihren weniger gewordenen Mitgliedern das angedeihen zu lassen, was sie seit Jahrhunderten in den Mittelpunkt gestellt hat. Wenn die Kirche in Deutschland und Europa nicht aufpasst, schafft sie sich selber ab.

Der Gegenentwurf wäre: Die Kirche setzt darauf, mit eigenen Ideen und der Unterstützung fremder Ideen auf gesellschaftliche Prozesse einzuwirken. Sie stellt dafür großzügig personelle und finanzielle Ressourcen zur Verfügung. Alle, die sich einbringen, erleben nicht einen Apparat, der ihnen mit tausend Wenns und Abers begegnet, sondern der ein überzeugendes Konzept fördert und Vertrauen in die Kompetenz der Menschen zeigt. Das schließt ausdrücklich ein, dass man den Beteiligten ein hohes Maß an Eigenständigkeit gewährt. Selbstverständlich würde sich das nicht nur auf Kirchenmitglieder und Getaufte, sondern auf alle Bürger beziehen müssen, die sich beteiligen wollen. Kirche würde ihre Ressourcen also weniger für den eigenen Apparat verwenden und das Risiko wagen, auch in Initiativen zu investieren, die zunächst nicht primär kirchlich erscheinen. Ihr Motto würde lauten: »Die gute Idee hat Vorrang und muss sich lohnen.« Entsprechend würde sie ein erhebliches Maß an Kreativität und Gestaltungswillen auslösen.

Die Kirche würde sich also aktiv an der Weiterentwicklung von Staat und Gesellschaft beteiligen und sich als Teil des WIR, einer neuen Zivilgesellschaft, verstehen. Sie würde einen Beitrag zum Wohl der Allgemeinheit leisten und zugleich ihrem Auftrag nachkommen, die Welt nach dem Vorbild des Reiches Gottes zu gestalten. Zweifelsohne hätte sie damit viel zu tun. Sie hätte starke Gestaltungsmöglichkeiten, könnte Ausstrahlung entfalten und an Glaubwürdigkeit gewinnen. Sicher hätte dies am Ende auch missionarische, also gewinnende Wirkung.

Es ließe sich leicht an Beispielen wie in Bad Godesberg belegen, dass die Kirche an Bedeutung zurückgewinnt und auf positive Resonanz stößt, wenn sie bewusst in pastorale oder soziale Aufgaben investiert, wenn sie nicht fackelt, sondern handelt. Eine solche Förderung der guten Ideen vor Ort bedeutet aber auch, dass sich daraus eine eigene Dynamik und Selbstständigkeit der daran Beteiligten entwickelt. Die Kirche muss damit leben, die Prozesse im Letzten nicht kontrollieren und steuern zu können. Es entsteht ein weitgehend autonomes Netzwerk, das nicht mehr in gewohnter Weise in die Strukturen und in die Hierarchie der Kirche eingebunden ist, sondern nach eigenen Bedingungen funktioniert. Ein solcher Kontrollverlust wird vielen Verantwortlichen in der Kirche suspekt sein.

Die Kirche in Deutschland geht seit einer Reihe von Jahren einen anderen Weg. Die Krise wurde zuerst ungläubig betrachtet und verdrängt. Dann folgten Strukturreformen und Sparkonzepte, zumeist nach aufwendiger und teurer Beratung durch die einschlägigen Unternehmensberatungsgesellschaften, die sonst für die großen Konzerne tätig sind. In der Konsequenz von immer weniger Kirchenmitgliedern lag die Prognose von schwindenden Kirchensteuereinnahmen. Also legten die deutschen Bistümer Sparprogramme auf. Das Erzbistum Köln machte den Pfarreien 2004 die Auflage, knapp die Hälfte ihrer gemeindlichen Infrastruktur abzubauen. Versammlungsflächen wurden reduziert, Personal wurde eingespart. Auch die Zahl der Kindergärten wurde erheblich zurückgefahren. Zwar gab es die Zusage, dass im Bereich des Erzbistums für jedes katholische Kind ein Kindergartenplatz vorgehalten würde. Doch diese Angabe bezog sich auf den statistischen Querschnitt in der gesamten Diözese, nicht auf den konkreten Bedarf vor Ort. Entsprechend ergab sich in Bad Godesberg, dass wir nur noch der Hälfte aller katholischen Kinder einen Kindergartenplatz anbieten konnten, während in anderen, kinderarmen Regionen des Bistums ein Überangebot bestehen blieb. Das fand wenig Verständnis in der Bevölkerung. Dass die Kirche zudem ein zweifelhaftes Selbstverständnis nach außen vermittelt, wenn sie ihr Engagement ausschließlich am Bedarf katholischer Kinder und Familien ausrichtet, ist evident. Es gab also hinreichend Argumente, mit der Gründung der Bürgerstiftung Rheinviertel die beiden Kindergärten vor der Schließung zu bewahren und später einen weiteren zu gründen.

 Jeder wird zugestehen, dass die Kirche rechnen und verantwortlich mit ihren Ressourcen umgehen muss. Auch sie sollte weitsichtig planen und um Zukunftssicherheit bemüht sein. Also ist es geboten, selbst wenn es im Einzelfall schmerzlich ist, Überkapazitäten an Gebäuden abzubauen und damit hohe Unterhaltskosten einzusparen. Damit ist klar: Nicht jede Einsparung war sinnlos. Aber insgesamt ist die Rechnung der Kirche nicht aufgegangen. Entgegen der Prognose, dass die Einnahmen merklich sinken würden, wurde seitdem jedes Jahr eine Zunahme an Kirchensteuermitteln festgestellt. Das Wirtschaftswachstum und die hohe Beschäftigungsquote haben die Einnahmen sprudeln lassen wie nie zuvor. Die Pfarreien mussten dennoch ihre Sparziele erreichen. Einige haben das relativ gut geschafft. Andere haben inzwischen ihre Rücklagen verbraucht und sind in Geldnöte geraten. Sie fanden keine realisierbaren Wege, Flächen und Personal einzusparen. Das Erzbistum reduzierte ankündigungsgemäß die Zuweisungen und die Kosten mussten aus dem Gemeindehaushalt finanziert werden. Das geht mit der Zeit an die Substanz.

Während also das Erzbistum sich über immer mehr Millionen an Kirchensteuern freute, kam es zu empfindlichen, teils von Protesten begleiteten Einschnitten in die Infrastruktur der Kirchengemeinden. Nun könnte man die Frage stellen, wohin das doppelt dazugewonnene Geld – aus Mehreinnahmen und Einsparungen – geflossen ist. Eine gute Frage, auf die ich leider keine Antwort weiß. Zusätzliche Investitionen in die Erneuerung der Pastoral und eine Verlebendigung der Gemeinden hat es jedenfalls kaum gegeben. Die Möglichkeit, auf diesem Weg neue Impulse zu setzen oder Bürger vor Ort mit Unterstützungsangeboten anzuregen, Neues auf den Weg zu bringen, blieb ungenutzt. Stattdessen stieß man weitgehend auf taube Ohren, wurde man mit der Bitte um Unterstützung für Ideen und Projekte vorstellig. Vieles von dem Ersparten wird stattdessen in Rücklagen für schlechte Zeiten geflossen sein. Das klingt wie eine angemessene Rechtfertigung, verkennt aber, dass die schlechten Zeiten, in denen dringend Investitionen nötig sind, damit es nicht noch schlimmer kommt, längst da sind.

Mit ängstlichen Rückzugskonzepten jedenfalls wirkt man Krisen nicht entgegen. Vielmehr läuft man Gefahr, mit ihnen den Abwärtstrend noch zu beschleunigen. Es bräuchte konkrete Konzepte und Investitionen, um Prozesse stoppen oder umkehren zu können. Das betrifft den Mangel an Personal und an jungen Menschen in der Kirche genauso wie den Verlust an gesellschaftlicher Relevanz. Wenn die von der Kirche verkündeten Werte durch gezielte Projekte die Chance hätten, in der Gesellschaft wieder mehr konkrete Gestalt anzunehmen, anstatt in Kirchenräumen zu vereinsamen, sollte das der Kirche alles Geld der Welt wert sein. Dass dann am Ende auch die Kirchenräume wie in Bad Godesberg nicht mehr gar so entleert dastehen, ist zur möglichen Strategie der Kirche an dieser Stelle nur noch eine beiläufige Anmerkung.

Im Ergebnis bleibt festzuhalten: Die Kirche, die sich in viele autonome Zuständigkeiten gliedert – Bistümer, große Verbände wie die Caritas oder Ordensgemeinschaften –, fällt gegenwärtig als Finanzier und bestimmender Faktor für die Konkretisierung einer neuen Zivilgesellschaft aus. Lediglich in der Flüchtlingskrise sind einzelne deutsche Diözesen zusätzlich aktiv geworden. Beinahe ist zu vermuten, dass sich die Kirche gegenwärtig kaum als Teil des WIR verstehen würde. Das Geld für eine Unterstützung aber wäre da. Auch gibt es überall Menschen in der Kirche, die über viel Kompetenz verfügen, Ideen beisteuern und mitdenken könnten. Viele von ihnen haben eine Sympathie für ein Engagement, das über die Kirche hinausweist. Zu wenig von ihnen aber besetzen Führungspositionen. So versinkt die Kirche in sich selbst. Sie könnte anders.

Die Wirtschaft steht in der Pflicht

Wenn Staat und Kirchen für die spontane Unterstützung von Ideen aus der Gesellschaft weitgehend ausfallen, bleibt die Wirtschaft des Landes. Diese verfügt über Geld und Know-how und kann darüber relativ unbürokratisch entscheiden. Die Begriffe »Corporate Social Responsibility« und »Corporate Citizenship«, als Konzepte einer Beteiligung von Wirtschaftsunternehmen an gesellschaftlichen Prozessen und sozialen Projekten, haben in vielen Konzernen und Großbetrieben Konjunktur. Es gibt in diesem Kontext eine ganze Reihe positiver Beispiele von Unternehmens-Engagement. Ein richtiger Mainstream, dass diese Art von Partizipation und sozialem Einsatz für das Ganze der Gesellschaft und die konkrete Situation am Unternehmensstandort zur unternehmerischen Verantwortung dazugehört, hat sich aber noch nicht durchsetzen können. Dazu muss es kommen!

Zumeist werden Unternehmen gegenwärtig dann tätig, wenn ihr Beitrag zum Sozialwesen steuerlich geltend gemacht werden kann. Die Bilanz wird dann geringer beeinträchtigt. Das ist eine verständliche Vorgehensweise. Mit solchen Spendengeldern wird vielerorts Großartiges bewirkt. Zahlreiche Projekte im Land leben von dieser Art Zuwendung. Doch die Sozialverantwortung der Unternehmen greift darüber hinaus und bezieht sich auch auf jene Ressourcen, die nach Abschreibungen und Steuer als Gewinn verbucht werden. Der Zustand der Gesellschaft und die Zufriedenheit des Bürgers sind wesentliche Bedingungsfaktoren für den Erfolg der Wirtschaft. Entsprechend müsste das Interesse der Unternehmen und Konzerne wesentlich höher sein, als es die gegenwärtig zur Verfügung gestellten Ressourcen erkennen lassen. Es ist wenig nachvollziehbar, weshalb das nicht mehr in den Strategieplanungen und Imagekonzepten der Unternehmen Berücksichtigung findet.

Auch müsste sich in der Wirtschaft die Erkenntnis stärker durchsetzen, dass der Staat an vielen Stellen überfordert ist und nicht hinreichend schnell reagieren kann. Das wissen die Wirtschaftsführer durchaus. Nicht wenige haben in den unternehmerischen Abläufen ihre eigenen Erfahrungen mit der Kompetenz und Zuverlässigkeit, auch der Schnelligkeit staatlicher Verwaltung. Auswirkungen aber auf die Partnerschaft von Wirtschaft und Gesellschaft hat das wenig. Man ist hier gerne zurückhaltend und verweist auf die Zuständigkeit des Staates. Begründet wird dies damit, dass man mit einem unternehmerischen Engagement den Staat nicht aus der Verantwortung entlassen möchte. Oft ist das ein berechtigter Einwand. Aber im Ergebnis bedeutet das, dass viele gute Ideen und Projekte nicht zur Umsetzung kommen. Den Schaden haben alle.

Einige Firmen investieren zum Beispiel drei oder vier Prozent ihres Gewinns nach Steuern in soziale Projekte. Damit können sie wirklich Relevantes und Wahrnehmbares in der Region bewirken. Andere mittelständische Unternehmen fördern Projekte, indem sie ihre Mitarbeiter zur Unterstützung zum Einsatz bringen. Oft bewirkt das eine starke Professionalisierung und Beschleunigung von Vorgängen. Auch hat es meist enorme innere Schubkraft auf die Motivation und Identifikation der Mitarbeiterschaft mit dem Unternehmen. Das sind bilanzrelevante Werte. Manche Betriebe und Konzerne organisieren ihr soziales Engagement inzwischen durch eigene Abteilungen oder Stabsstellen. Sie weisen eine ausgewiesene Zahl an Arbeitsstunden aus, die jeder Mitarbeiter für soziale Arbeit in Anspruch nehmen kann. Die einzelnen Abteilungen und Sektoren des Unternehmens werden angewiesen, mit ihrer Fachexpertise, Dienstleistung oder ihrem Produkt gezielt Projekte in der Gesellschaft zu unterstützen. Nicht selten werden feste Geldbeträge bereitgestellt, die Mitarbeiter für ihr soziales Engagement nutzen können. Einige Konzerne haben Stiftungen gegründet und diese mit einer starken Finanzkraft ausgestattet, um ihr gesellschaftliches Engagement nachhaltig zu organisieren. Durch solche unternehmensnahen Stiftungen wird bereits vieles in Deutschland ermöglicht. Oft aber laufen sie Gefahr, selbst in institutionelle Starre zu geraten. Sie sind in ihren Förderzwecken oft so eng definiert und die Förderanträge sind so umfangreich und kompliziert, dass sie für viele bürgerschaftliche Projekte als Unterstützer ausfallen. Auch lehnen nicht wenige Stiftungen grundsätzlich die Förderung von Personalstellen ab. Das verkennt aber die Bedeutung, die der Einsatz von hauptamtlichen Kräften für die Organisation und Begleitung eines ansonsten auf Ehrenamt gestützten zivilgesellschaftlichen Engagements hat. Dass eine gezielte Förderung der Zivilgesellschaft ein wahres Feuerwerk an bürgerschaftlichen Projekten und Vernetzungen bewirken kann, hat der Generali-Zukunftsfond viele Jahre vorgemacht. Leider wurden hier die Mittel zurückgefahren.

Es gibt in der Summe viele sinnvolle Möglichkeiten, wie sich Unternehmen einbringen können, ohne dabei Gefahr zu laufen, sich in »sachfremdem« Engagement zu verzetteln! Für die Bürgerstiftung Rheinviertel hat eine große, in Düsseldorf ansässige Werbeagentur die gesamte Marketingstrategie als Sponsoring entwickelt. Ein Team von Mitarbeitern hatte dafür ein festes Zeitdeputat, das es wöchentlich in diese Aufgabe einbringen konnte. Für die Stiftung, die sich zum Ziel gesetzt hatte, ein WIR-Gefühl in der Bevölkerung zu erzeugen, und die darauf angewiesen war, eine ideelle und finanzielle Unterstützung der Bürger zu erhalten, war eine solche hochprofessionelle Förderung nicht in Geld aufzurechnen. Gleichzeitig konnte man den Eindruck gewinnen, dass dieses im Ergebnis gelungene Projekt auch der Agentur und ihren kreativen Köpfen nicht nur Mühe und Kosten verursacht hat. Es förderte Freude, Motivation, Teamgeist und Leistungsbereitschaft.

Wenn sich die Wirtschaft entscheidet, mit ihren erheblichen Ressourcen und ihren Fachexpertisen gesellschaftliche Prozesse zu fördern, könnte eine Dynamik aufkommen, die Staat und Kirche nur schwer entwickeln können. Die Deutsche Post lässt an ihrem »Yellow Day« alle Mitarbeiter aus dem Bonner Post-Tower in soziale Projekte ausrücken. An diesem Tag wird eine gigantische soziale Wühlarbeit für die Gesellschaft geleistet. Ein ganzer Arbeitstag aller Mitarbeiter einer so großen Zentrale wie die der DHL AG ist eine große Investition. Sie ist zunächst punktuell, hat aber doch zumeist zur Folge, dass Verbindungen in die Gesellschaft nicht nur für einen Tag geknüpft werden, sondern auch erhalten bleiben. Man kann wieder auf sie zurückkommen. Für nicht wenige Manager und Angestellte bedeutet der soziale Einsatz eine Ablenkung im oft strapaziösen Arbeitsalltag. Sie erkennen, dass ein soziales Engagement nicht nur nützlich für die geförderten Projekte ist, sondern auch positive Wirkung auf sie selbst entfaltet. Es stiftet Sinn, baut Stress ab, vermittelt ein gutes Gefühl. Alles nicht unbedeutend für die so wichtige Live-Balance. Learning by doing. Es entsteht ein Gefühl für Sozialverantwortung, ohne das die neue Zivilgesellschaft von morgen nicht existieren kann. Beachtet man also die Wirkung eines solchen Engagements, fragt man sich, ob es nicht weit mehr davon geben könnte und müsste?

Auch mittelständische Unternehmen haben erhebliche Möglichkeiten, bürgerschaftliches Engagement nach vorne zu bringen und wirksam zu unterstützen. Das Architekturbüro begleitet kostenfrei die Planung und Durchführung eines Bauprojekts. Das IT-Unternehmen übernimmt die

Entwicklung einer spezifischen Software. Das Steuerberaterbüro stützt die finanzielle Abwicklung und erstellt die Bilanz. Die Brauerei sponsert eine Benefizveranstaltung und liefert Speisen und Getränke. Ein italienisches Restaurant und ein türkisches Speiselokal tun Gleiches. Ein Dienstleister übernimmt die Patenschaft für einen Kindergarten. Ein Familienunternehmen finanziert den Trägeranteil einer Einrichtung. Ein Hotel spendet einen Euro pro Übernachtung.

Wenn Unternehmen sich nicht in der Lage sehen, eigene Projekte auszuwählen und zu fördern, besteht die Möglichkeit, diejenigen Mitarbeiter zu unterstützen, die sich sozial engagieren. Einzelne Firmen haben Fonds eingerichtet, aus denen ihre Mitarbeiter Mittel erhalten können, um ihre sozialen Aktivitäten zu entfalten. Die geförderten Projekte werden durch Beiträge auf der Unternehmenshomepage und an Aushängen präsentiert. Das motiviert die Mitarbeiter, vermittelt eine Wertschätzung gegenüber sozialem Engagement und fördert die Einsatzbereitschaft des Einzelnen.

Die Stärke der deutschen Wirtschaft besteht aus Tausenden kleiner und größerer mittelständischer Unternehmen. Hier liegt ein ungeheures Potenzial, um die Zivilgesellschaft von morgen erfolgreich in Bewegung zu setzen. Gesellschaftlicher Stillstand und schleichend daherkommende Bewegungen müssten vielerorts nicht sein. Es sind nur wenige Schritte – und die Wirtschaft wird Teil des WIR. Dies erfordert zuerst, dass sie die eigene Verantwortung gegenüber der Gesellschaft, auch die Vorteile eines Engagements für das eigene Unternehmen erkennt. Dann sollten konkrete Zielsetzungen und Projekte gesucht werden. Das können Ideen vorhandener Organisationen oder Vereinigungen in der Bürgerschaft sein, denen man die notwendige Luft unter die Flügel bringt. Es könnte aber auch sinnvoll und für viele Problemstellungen hilfreich sein, wenn Unternehmen einen Sozialraum eigenständig auf seine Bedarfe analysieren und entsprechende Ideen und Konzepte entwickeln. Die Wirtschaft ist nicht nur als Sponsor und Förderer gefragt, sie ist ebenso als Ideengeber gefordert! Voraussetzung für solche Bemühungen aus dem Raum der Wirtschaft ist es, dass dafür ein relevanter Prozentsatz des Gewinns eingeplant wird. Die Investition in die Gesellschaft müsste auf das Unternehmen und seine Produktion bzw. seine Leistungen abgestimmt sein und Teil der Unternehmenskultur und -identität werden: ein Markenzeichen des Unternehmens also. Wenn Vergleichbares zum Standard würde, käme das gesellschaftliche WIR deutlich voran. Und die Unternehmen, ich bin sicher, auch. In der Kollapsgefahr unserer Systeme und der damit einhergehenden Gefährdung unserer gesamten Gesellschaftsordnung wäre das jedenfalls mehr als eine barmherzige Überlegung in den Management-Etagen deutscher Unternehmen.

Die dringend notwendige Sanierung vieler Kindergärten und Schulen, die die öffentliche Hand größtenteils wegen fehlender Haushaltsmittel nicht umsetzt, wäre beispielsweise eine geeignete Investition für Unternehmen. Denn Kindergärten ermöglichen eine zufriedenstellende Vereinbarkeit von Familie und Beruf, auch für die Mitarbeiter des eigenen Unternehmens. In den Schulen wird der Nachwuchs ausgebildet, auf den die Unternehmen später zurückgreifen wollen. Klar zahlen Unternehmen nicht unerheblich Steuern auf ihren Gewinn und viele Führungskräfte auf ihr Einkommen. Aber in den Unternehmen ist man gewohnt, so viel in die Produktivität und Entwicklung zu investieren, wie es die Marktbedingungen vorgeben und die Zukunft des Unternehmens erforderlich macht. Prozentsätze und Planzahlen sind hierbei vielleicht eine Orientierung, aber nicht das wesentliche Entscheidungskriterium. Am Ende hilft nur die Einsicht weiter, dass die Verantwortung für das Eigene und für das Unsrige dieselbe ist. Ohne ein gelingendes WIR ist das Eigene in Gefahr.

Kurz:

Staat und Kirchen fallen als Unterstützer des WIR und seiner Projekte weitgehend aus. Das bedeutet nicht, sie seien aus ihren Pflichten zu entlassen. Die Kirchen haben das Geld, aber keine Vision, um es einzusetzen. Das Geld gehört aber nicht Einzelnen in den Kirchen, sondern dem WIR in ihr.

Kreative Köpfe und finanzielle Mittel sind in der Wirtschaft zu finden. Das WIR braucht beides. Die Unternehmen haben eine Verantwortung für die Gesellschaft weit über ihre Steuerabgaben an den Staat hinaus.

Investitionen in das WIR tragen Rendite. Wer in Zeiten kollabierender Systeme nicht in das Umfeld investiert, wird auch bald aus eigener Leistung keine Gewinne mehr erwirtschaften können.

Kreative und großzügige Persönlichkeiten

Kreative und begabte Menschen entscheiden sich heute zumeist für eine berufliche Perspektive nicht im Staat, nicht in den Parteien, nicht bei den Kirchen. Die Anreize dafür sind zu gering. Entfaltungsmöglichkeiten sind kaum gegeben, Aufstiegschancen begrenzt, die Bezahlung und Wertschätzung nicht hinreichend. Schließlich will niemand gegen verkrustete Strukturen arbeiten und einen Problemstau bewältigen. Die entsprechenden Institutionen wissen das – und ändern doch an den Rahmenbedingungen wenig. Auch die Bürger nehmen das hin. Augen zu und durch! Also mangelt es allerorts in den politischen und kirchlichen Landschaften an Ideen und Kreativität. Das Niveau sinkt beständig weiter ab. Für die Zukunft von Staat und Gesellschaft keine gute Entwicklung. Ein weiteres Krisensymptom.

Die besonders talentierten Menschen interessieren sich für die freie Wirtschaft oder die Selbstständigkeit. Hier werden ihnen spannende Betätigungsfelder, gute Entwicklungsmöglichkeiten und höhere Einkommen angeboten, zumindest in Aussicht gestellt. Selbstverständlich gibt es dafür Bedingungen. Die persönliche Kreativität ist ganz für Unternehmensziele einzusetzen. Immer sind höchster Einsatz und Widerstandskraft gegen Konkurrenz und Leistungsdruck gefordert. Ein Arbeiten unter solchen Bedingungen ist anstrengend und auf lange Sicht oft wenig Sinn spendend. Unter den richtigen Bedingungen und Anreizen könnten für diese Menschen ehrenamtliche Betätigungsfelder spannend werden. Das gilt zumindest für diejenigen, die den normalen Wahnsinn am Arbeitsplatz leid sind und noch anderes von ihrem Leben erwarten. Viele von ihnen vereinen in ihrer Person ein hohes Maß an Kreativität, eine Machermentalität, organisatorische oder technische Kompetenz, und haben zudem Entscheidungsmacht über Finanzen. Selbstverständlich braucht das WIR solche Menschen. Man muss sie für das WIR finden und gewinnen.

Der ehemalige CEO eines börsennotierten Konzerns suchte zuerst nach seinem Portemonnaie, als ich an seinem Gartentor klingelte. Er war mit dem Mähen des Rasens beschäftigt. Er erkannte den Pfarrer an dessen Kleidung und schaltete sofort: spenden! Ich eröffnete ihm, dass ich nicht primär gekommen wäre, um Geld zu erbitten. Eine Mischung aus Überraschung und Entsetzen stand in seinem Gesicht geschrieben: Was will der sonst von mir? »Ich brauche Ihre Kompetenz und Ihre Kontakte«, war meine Antwort. Wenige Minuten später saßen wir zusammen am Gartentisch. Ich berichtete von meiner Idee, die Bürger des Rheinviertels dafür zu gewinnen, das Viertel zu verändern und anstehende Probleme in einem Miteinander zu lösen. Der DAX-Vorstand entwarf unmittelbar auf einem kleinen Zettel ein Organigramm für die dargestellte Idee. Er notierte die Namen von kompetenten Personen, die man für den Aufbau eines tatkräftigen Netzwerks brauchen konnte. In wenigen Minuten lag eine klar gegliederte Strategie auf dem Tisch, an der wir uns sicher orientieren konnten. Sie hat Menschen miteinander und mit den Projekten in Verbindung gebracht. Sie hat Erfolg ermöglicht – und Ressourcen erschlossen, in Euro und in vielen Leistungen. Dieser Mann sitzt heute im Kuratorium der Bürgerstiftung Rheinviertel.

Der Pfarrer hat beim Ansprechen der Menschen, deren Hilfe er für andere braucht, noch immer einen Vertrauensvorschuss. Auch wenn der Amtsbonus zurückgegangen ist, bringen ihm viele noch Respekt entgegen. Man lässt ihn nicht einfach vor der Tür stehen. Jedenfalls ist das nach wie vor bei den allermeisten Menschen so, denen ich begegne. Mit dem Pfarrer verbinden die Angesprochenen sofort eine feste Vorstellung von seiner Arbeit und dem Lebensraum, in dem er tätig ist. Wenn ich solche Personen aufsuche, die aufgrund ihrer gesellschaftlichen oder beruflichen Stellung über Geld, Kompetenz, Kreativität und Kontakte verfügen, treffe ich nicht selten auf Menschen mit einer christlichen Sozialisation. Sie haben mit der Kirche in Kindheit und Jugend Erfahrungen gemacht. Oft sind es gute, durch die sich eine Wertschätzung für christliche Grundhaltungen und ein Verantwortungsgefühl gegenüber dem Gemeinsinn in die Persönlichkeit eingeprägt hat. Ich weiß nicht, wie viele Geschichten aus Messdienerzeiten und kirchengemeindlichen

Ferienmaßnahmen ich bei solchen Gelegenheiten gehört habe. Willkommene Anknüpfungspunkte. Auch wenn sich ihre Einstellung zur Kirche mit den Jahren verändert hat oder sie vielleicht sogar aus ihr ausgetreten sind – die Menschen sind ansprechbar. Aber sie werden selten angesprochen. Die Sternsinger mögen vor ihrer Tür stehen, auch die Caritas-Sammlerin. Sie werden höflich und mit Sympathie empfangen. Aber dass Bischöfe, Pfarrer oder andere Kirchenakteure auf sie zukämen und ihnen sagen würden, dass man ihre Unterstützung braucht, kommt so gut wie nie vor. Fehlt es hier an der Demut, die einräumt, Hilfe zu brauchen? Haben da Selbstgenügsame Angst vor der Kompetenz der anderen? Oder werden die, denen man nicht direkt im eigenen Kontext begegnet, ausgeblendet und vergessen? Letzteres ist vermutlich der häufigste Grund, nicht nur im Bereich der Kirche. Doch ohne diese Menschen kommt das WIR nur schwer voran.

Inzwischen kommt es immer wieder vor, dass sich vermögende Menschen direkt bei uns melden – und nicht wir uns bei ihnen. Sie kommen auch längst nicht mehr nur aus Bad Godesberg. Sie haben von der Stiftung und ihren Projekten gehört. Sie möchten dabei sein, helfen. Ein Unternehmer wollte einen Teil seines Vermögens für einen sozialen Zweck stiften. In seiner Heimatstadt gelang ihm das nicht: nicht beim Pfarrer, nicht beim Bürgermeister. Die wussten mit seinen Vorstellungen nichts anzufangen! Er kam nach Bad Godesberg und machte uns sein großzügiges Angebot: 50.000 Euro im Jahr für den Unterhalt eines Kindergartens. Wenige Wochen darauf verstarb er unerwartet. Seine Familie erfüllte seine Zusage. Wir haben dem Kindergarten seinen Namen gegeben.

Ein älteres Ehepaar sprach uns an. Sie waren ungewollt kinderlos geblieben. Jetzt wollten sie mit dem Verkauf eines kleineren Einfamilienhauses etwas Gutes für Kinder tun.

Wir haben mit ihrem Geld eine Kindergartengruppe im neuen Kindergarten der Stiftung ausgestattet. Das Ehepaar hieß Fuchs und die Kindergartengruppe heißt jetzt »Fuchsbau«. Solange sie es konnten, hielten die beiden Kontakt zu der Einrichtung und speziell zu den Kindern des Fuchsbaus. Umgekehrt bedachten die Kinder das Ehepaar regelmäßig mit selbstgemalten Bildern und Grüßen. Eine rührende Verbindung, die den beiden Eheleuten auf ganz eigene Weise doch noch zu Kindern verholfen hat.

Der vermögende Sohn und Erbe einer älteren Dame nahm Kontakt zu uns auf. Er wollte mit einem Teil seiner Erbschaft etwas Gutes im Sinne seiner Mutter tun. Weil sie ausgesprochen kinderlieb gewesen sein muss, dachte er an eine Stiftung zugunsten unserer Kindergärten. Seine Bereitschaft zur Unterstützung war mit der Frage verbunden, ob es möglich sei, einen unserer Kindergärten nach seiner Mutter zu benennen? Er bot zunächst 500.000 Euro an. Als wir errechnet hatten, dass wir ein Vermögen von einer Million Euro benötigen, um den Trägeranteil eines Kindergartens jährlich aus den Zinsen zu finanzieren, stockte er tatsächlich den Stiftungsbetrag entsprechend auf. Er war sich sicher, dass es seine Mutter überglücklich gemacht hätte, wenn ein Haus, in dem Kinder gemeinsam lernen und spielen, ihren Namen getragen hätte. Die Kindertagesstätte erhielt ihren Namen.

Presseberichte verbreiten diese Geschichten und sorgen damit für weitere. Es gibt mehr Menschen, als man annimmt, die Gutes tun wollen. Für sie ist es nicht immer einfach, die entsprechende Idee zu finden. Sehr viele haben keine Erben und wollen in irgendeiner Weise etwas hinterlassen, das bleibt und an sie erinnert. Warum sollte man Menschen diesen Wunsch verweigern? Die Mäzene freuen sich. Das WIR gewinnt. Es lohnt sich, Projekte zu entwickeln, die Menschen Gelegenheit bieten, mit ihrem persönlichen Vermögen und dem, was sie hinterlassen werden, etwas Gutes zu tun. Hier gibt es viel Potenzial, das der Zivilgesellschaft von morgen nützlich sein kann.

Wichtig: Ideen beflügeln

Junge Vögel, die aus dem Nest fliegen, brauchen Luft unter die Flügel. Viele großherzige Unterstützer und die zahllosen Spender haben es in Bad Godesberg ermöglicht, dass eine Idee zum Erfolg wurde. Nun höre ich schon die Einwände. »Da, in Bad Godesberg, leben reiche Leute, bei uns nicht. Also können wir das nicht.« Doch, man kann das auch andernorts. Es zählt nicht zuerst das soziale Umfeld, sondern die zündende Idee und die Überzeugung, mit der sie präsentiert und gelebt wird. Projekte, die einleuchten, finden ihre Unterstützer. Wenn nicht im eigenen Dorf, dann finden sie sich nebenan oder im übernächsten Ort. Wenn nicht im näheren Umfeld, dann bei den Unternehmen, den Kreativen und Aktiven, den Erben in weiterer Entfernung. Erfolgreiche Initiativen in sozial schwächeren Regionen belegen das. Selbstverständlich gehört persönlicher Einsatz dazu, auch Mut. Wir haben zu Beginn der Stiftungsgeschichte die Trägerschaft von Kindertagesstätten und die Verantwortung für ihre Mitarbeiter übernommen, ohne dass wir uns der Finanzierung sicher sein konnten. Wir waren uns aber sicher, dass die Idee richtig und nötig war. Wir haben uns entsprechend dafür eingesetzt – leidenschaftlich – und wir haben es geschafft. WIR haben es geschafft!

Forderungen:

1. Geld ist da. Vor allem Kirche und Wirtschaft müssen ihr Interesse am WIR entdecken und über ihre Geldreserven anders entscheiden: zugunsten der Zivilgesellschaft.

2. Staat, Kirche und Wirtschaft müssen ihren Blick heben und die Notwendigkeiten der Gesellschaft erkennen.
Ende der Nabelschauen! Sie müssen ihrer Verantwortung gerecht werden!

3. Es ist viel mehr möglich, als die meisten denken. Ideen, Mut und aktive Vernetzung sind gefordert!

7. KAPITEL

MITEINANDER STATT NEBENEINANDER
Die Zivilgesellschaft von morgen

Wo kommen wir her? Wo wollen wir hin? Eine demokratische Gesellschaft wird immer neu darüber verhandeln müssen, was die Grundlagen ihres Zusammenlebens sind. Sie muss fragen, was sich geändert hat und was zu ändern ist. Auch gilt es, kritisch zu prüfen, was an Einflüssen und Trends möglicherweise zu stark geworden ist und was zu sehr vernachlässigt wurde. Nur so lässt sich zum größtmöglichen Wohlergehen aller die Zukunft verantwortlich gestalten. Der Geschichte hingegen einfach ihren Lauf zu lassen, heißt die Errungenschaften der modernen Gesellschaft leichtfertig zu riskieren. Es braucht also Debatten. Ernst geführte Diskussionen, die über das Format einer Fernsehtalkshow hinausgehen und an der sich möglichst viele beteiligen. Daran fehlt es!

Wo kommen wir her? Unser demokratischer Staat mit seinen sozialstaatlichen Prinzipien wurde in Zeiten relativ stabiler Milieus gegründet. Bedeutsam waren dabei besonders die beiden konfessionellen Milieus, das protestantische und das katholische. Es gab kaum Bürger, die nicht einer Konfession angehörten. Die Kirchen vermittelten ihren Mitgliedern religiöse Leitlinien und gesellschaftliche Prinzipien. Überall war ihr Einfluss präsent. In der Bildung, der Kultur, selbst in der Gestaltung von Ehe und Sexualität. Auch die politischen Haltungen der Gläubigen, bis hin zum Wahlverhalten, wurden nicht unmaßgeblich von kirchlichen Autoritäten vorgegeben.

Ein Aufbruch aus diesen lange Zeit strikt voneinander getrennten, konfessionellen Milieus ergab sich nicht auf

Veranlassung der Kirchen, sondern durch politische Prozesse. Er war bedeutsam für die weitere Entwicklung der Bundesrepublik. Die bürgerlichen Parteien CDU und CSU verzichteten – bei teils starken inneren Querelen – auf eine konfessionelle Bindung. Sie schufen ein geeintes »christliches« politisches Lager, das auch nicht kirchlich Gesinnten, allgemein bürgerlich Konservativen, Nationalen und Liberalen offenstehen sollte. Die jahrhundertealte Konfessionsgrenze war durchbrochen! Gleichwohl blieben die Kirchen wichtig für die Identität der meisten Bürger.

Neben den Konfessionen gab es weitere bedeutsame Milieus. Wichtig war das der Arbeiter. Es verfügte über eigene Organisationen, die Gewerkschaften und die Sozialdemokratische Partei, die spätestens nach ihrem Godesberger Programm-Beschluss zur Volkspartei aufstieg. Mit ihnen waren ihre Interessen stark in Betrieben und Parlamenten vertreten. Auch nahmen sie wie die Kirchen ihrerseits erheblichen Einfluss auf ihr Milieu. Sie prägten eine eigene Kultur, in der Solidarität und Klassenbewusstsein eine große Rolle spielten. Gewerkschaftsbüros im Wohnviertel sowie Arbeitersport- und Arbeiterkulturvereine sorgten dafür. Während es der Arbeiterklasse gelang, sich politisch und gesellschaftlich zu organisieren, scheiterte ein ähnlicher Versuch im Milieu der bäuerlichen Landbevölkerung. Sie fand nach 1945 keine nennenswerte, eigene parteipolitische Vertretung mehr. Im Wesentlichen wurden CDU/CSU auch für das agrarisch geprägte Milieu die politische »Heimat«. Andere gesellschaftlich und politisch bedeutsame Milieus, die in der Weimarer Republik noch Gewicht hatten, verschwanden nahezu völlig im Moloch von Diktatur, Krieg, Zusammenbruch und geopolitischer Nachkriegsordnung.

Dieser Blick auf die Anfangsjahre der Bundesrepublik macht deutlich: Die deutsche Gesellschaft kommt aus starken gemeinschaftlichen Milieus mit relativ klar definierten sozialen und politischen Wertvorstellungen. Auch wenn sich mit der Gründung der überkonfessionellen, christlichen Parteien erste Anzeichen dafür ergaben, dass die bisher geltenden Milieugrenzen durchlässiger werden, änderte sich an der Ausgangslage zunächst wenig. Bei aller Unterschiedlichkeit gab es aber im Nachkriegsdeutschland etwas, das die Milieus auf intensive Weise verbunden hat. Rückblickend war es der Schrecken der nationalsozialistischen Gewaltherrschaft und des Krieges, ausblickend der Wunsch nach dem Wiederaufbau eines zerstörten Landes und der Begründung eines funktionsfähigen Staatswesens. Parteien und Gewerkschaften, die Kirchen, alle Milieus bejahten im Grundsatz den demokratischen Rechtsstaat. Man verfolgte eine Orientierung an gesamtgesellschaftlichen Werten und strebte eine sozialstaatliche Ordnung an, die sich dem Allgemeinwohl verpflichtet wusste und besonders den Schwachen Sicherheit bot.

Aus diesem Verbindenden und dem, was die jeweiligen Milieus an eigenen Wertvorstellungen einbringen konnten, entwickelte sich die alte Bundesrepublik mit ihrem Grundgesetz, ihrem Parlamentarismus, ihrer Sozialgesetzgebung und ihrer Gesellschaft. Gewissermaßen »darunter« gab es genügend Spielraum für gesellschaftliche und politische Konflikte und demokratische Konkurrenz, auch zwischen den bisherigen Milieus. Wie der Sozialstaat konkret zu gestalten war und welche politischen und gesetzgeberischen Antworten man auf gesellschaftliche Entwicklungen und außenpolitische Herausforderungen geben sollte, musste jeweils neu im demokratischen Diskurs ausgemacht werden. Immer aber blieb man einer gemeinsamen Aufgabe verpflichtet: ein demokratisch verfasstes, sozialstaatliches Deutschland. Seitdem hat sich viel verändert.

Geht es um den Gegensatz von Wir und Ich?

Unsere Gesellschaft ist individualistischer geworden. Das sagen alle Untersuchungen und das lässt sich auch in der alltäglichen Beobachtung nicht von der Hand weisen. In den letzten Jahrzehnten, schon seit den sechziger Jahren des letzten Jahrhunderts, haben sich Milieugrenzen erst gelockert, dann im großen Stil aufgelöst. Neue Milieus und gesellschaftliche Gruppierungen sind entstanden und entstehen weiter. Die Soziologen beobachten, dass Milieus kaum mehr stabil, vielmehr ständig in Bewegung sind. Entsprechend verschwinden die früher festen Parteienbindungen. Jetzt entscheiden zunehmend »Wechselwähler« den Ausgang von Wahlen. Häufig geschieht das ad hoc, wenig im Vorhinein berechenbar. Demoskopische Vorhersagen werden schwierig, sind kaum mehr zuverlässig. Neue Parteien entstehen, gewinnen schnell an Bedeutung, können aber genauso zügig auch wieder verschwinden. Die extremen Ränder in der politischen Landschaft werden stärker. In der Folge erodieren die Volksparteien. Ihre Wählerschaft hat sich geradezu halbiert. Was gestern noch die feste und oft lebenslange Überzeugung eines Bürgers war, wird heute von ständig wechselnden Meldungen und Trendansagen der Medienwelt und sozialer Netzwerke beeinflusst und verändert. Die Auflösung der alten und nicht selten oktroyierten Milieubindungen hat Freiheiten gebracht. Aber sie lässt viele Individuen auch in drehenden Windrichtungen wirbeln und haltlos erscheinen.

Das moderne Individuum wechselt im Laufe seines Lebens nicht nur von einem Milieu in ein anderes und vielleicht noch eines. Es folgt nicht nur chronologisch und über längere Zeiträume den aufeinanderfolgenden Trends in seinen Social-Media-Gruppen. Vielmehr prägen ständige Schwankungen in seinem Wertverhalten und seiner Persönlichkeit seinen Alltag. Der Mensch unserer Tage steht auf und brüht sich – grün – einen Fair-Trade-Kaffee aus dem Biosupermarkt, dann setzt er sich in sein SUV und nutzt – liberal – jeden einigermaßen freien Autobahn-Kilometer für 180+ km/h. Er schimpft mit wüstem Vokabular – AfD – über die Radionachricht von Randalen in einem Flüchtlingsheim mit mehreren hundert Afrikanern. Am Arbeitsplatz stimmt er der Kollegin und ihrem Enthusiasmus über das bald geregelte Rückkehrrecht aus Teilzeitarbeit – SPD – zu und hofft zugleich fest darauf, dass das steuerrechtliche Ehegattensplitting auch für kinderlose Paare – CDU – erhalten bleibt. Dieses Individuum hat Werte! Diese passen sich allerdings ständig den persönlichen Bedürfnissen und auch Launen an. Und sie stimmen häufig nicht miteinander überein. Eine intrapersonale Werteschwankung bestimmt das Verhalten und macht es eigentlich für das Individuum selbst und für andere unberechenbar.

Legt man diese Beobachtung zugrunde und verbindet sie mit den Themenfeldern und Forderungen, die in den vorherigen Kapiteln dargelegt worden sind, könnte zusammenfassend ein Kurzschluss lauten: Der moderne Individualismus muss durch das WIR ersetzt werden. Oder anders gesagt: Der Pfarrer predigt uns ins Gewissen. Wir sollen mal wieder die Eigen- durch die Nächstenliebe ersetzen und eine große Liebesgemeinschaft bilden. Das wird mich erstens meine Lust am Leben und zweitens mein Geld kosten. Von dem mögen dann andere, auch die Kirche, profitieren, ich aber nicht.

Der Kurz- ist ein Fehlschluss. Eine solche Predigt wäre aussichtslos. Verzicht, Opfer und Aufgabe des Individualismus zugunsten einer abstrakten Gemeinschaft würden bestenfalls Verdruss schaffen. Für alle oder möglichst viele zufriedenstellende Lösungen brächten sie nicht. Nicht einmal die Aussicht auf satte Belohnung im Himmel als Dividende für irdische Kasteiung würde moderne Performer und andere Individualisten zum Nachdenken bewegen. Auch für die im Milieu der »Bürgerlichen Mitte«, selbst für die Gutmeinenden, wäre es keine wirkliche Option. Man kann das Leben von zwei Berufstätigen mit ihren Kindern nicht um gut hundert Jahre zurückdrehen, um unter Verzicht (die Frau auf den Job) und Opfer (der Mann auf die Nähe zum Kind) eine »glückliche Familie« nach altem Schema zu sein, in der alle in einem starren Rollenschema (Verzicht auf Individualismus) leben. Noch weniger Aussicht auf Erfolg und vor allem: auf ein besseres Leben, hätten Forderungen nach einer Aufgabe des Individualismus für das Kollektiv einer deutschen Nation oder auch das nach einer sozialistischen Gleichheitsnorm. Das predigen andere. Ich nicht.

Es kann nicht um einen Gegensatz von Wir und Ich gehen. Ein WIR, also ein neues Verständnis für das Gemeinsame, kann nicht gegen die Individuen, ihre Freiheiten, Rechte, Interessen (und Pflichten) in Kampfposition gebracht werden. Vielmehr muss es gelingen, den modernen Menschen neu zu Bewusstsein zu bringen, dass die Individuen das WIR brauchen, um bestehen zu können. Sie sind auf Gemeinschaft angewiesen, und das gilt besonders dann, wenn die sozialstaatlichen Systeme ihre Unzulänglichkeiten und Überforderungen offenbaren. Eigene Begrenztheit, Schwäche und Hilfsbedürftigkeit, die zum Leben unvermeidbar gehören, fordern sichere soziale Bindungen. Diese intakt zu halten und nicht der totalen Unverbindlichkeit anheimfallen zu lassen, ist eine Bedingung sowohl für die Existenz des Einzelnen wie für die der demokratischen Gesellschaft. Umso tragischer ist die allgegenwärtige Lüge der Machbarkeit, mit der dem Bürger suggeriert wird, die anstehenden Probleme seiner sozialen Versorgung seien lediglich eine Frage der Umschichtung von Geld und der Gewinnung neuen Personals. Stattdessen wäre das ehrliche Wort gefragt. Man darf perspektivisch nicht damit rechnen, auf mehr als eine Grundversorgung zurückgreifen zu können, die man in Alter und Krankheit, auch bei der Betreuung der Kinder benötigt, wenn man allein auf staatliche Fürsorge vertraut. Totale Sozialstaatsversorgung mit hohen Ansprüchen an das menschliche und fachliche Niveau ist weder pragmatisch organisierbar noch kann man sie finanzieren. Diese nüchterne Erkenntnis könnte manchen nachdenklich stimmen und zu Korrekturen seines Lebensentwurfs veranlassen.

Keines der in diesem Buch genannten Themenfelder – Partnerschaften, Ehe und Familie, Kinder und Jugendliche, Alter, Flüchtlinge, Spannungen vor Ort – lässt sich vom Standpunkt eines reinen Individualismus bewältigen. Und weitere, wie Klima- und Naturschutz, Digitalisierung der Arbeits- und Lebenswelt, Globalisierung, kommen hinzu. Das sollte eigentlich allen einleuchten. Nun liegt es aber in der Konsequenz einer individualistischen Logik, sich von allen Institutionen, die den Staat tragen und gestalten, abzuwenden. Parteien, Kirchen und Gewerkschaften, Verbände und Vereine werden uninteressant und als Einengung der persönlichen Freiheit empfunden. Man ist unzufrieden mit ihnen, weil sie nicht den individualistischen Komplett-Erwartungen entsprechen. Genau das aber beschleunigt den Kollaps der Systeme. Die Folgen werden alle tragen, viele erleben sie schon »hautnah«.

Im Interesse der Individuen, am Ende auch der Individualisten, ist das WIR, die gemeinschaftlich wahrgenommene Verantwortung und Lösung gesellschaftlicher Problemfelder, die einzige Alternative. Die vielen Ichs müssen im WIR zusammenfinden – und sie können es, ohne ihre Individualität aufgeben zu müssen! Wenn Individualismus nicht dasselbe wie purer Egoismus ist, steht er nicht im Widerspruch zum WIR. Zudem braucht das WIR starke

Individuen mit ihren unterschiedlichen Kompetenzen, um Lösungen zu erreichen.

Schließlich wird man daran erinnern müssen, dass die Existenz eines funktionsfähigen und demokratischen Systems und der Erhalt der ihm zugrunde liegenden Werte erst die individuelle Freiheit garantieren. Das System an sich zu gefährden oder zu schwächen, heißt am Ende, mit der eigenen Freiheit zu spielen! Kommt es also zu keinem Umdenken, läuft unsere Gesellschaft und damit jeder Einzelne in ihr Gefahr, im Kollaps der Systeme unterzugehen. Wer dann in Schwierigkeiten oder soziale Notlagen gerät, muss ernsthaft befürchten, für sich erhebliche Abstriche von dem machen zu müssen, was er bis dahin unter Lebensqualität und Menschenwürde verstanden hat.

Unverzichtbar: Die »alten Systeme«

Die demokratische Gesellschaft der Bundesrepublik Deutschland basiert auf gemeinsamen Werten. Dass es bei der Verabschiedung des Grundgesetzes einen beachtlichen Konsens, auch eine vielgestaltige Mehrheit für demokratische, rechtsstaatliche und soziale Prinzipien gegeben hat, reicht aber nicht aus. Im laufenden »Betrieb« einer sich stetig verändernden Gesellschaft ist die Frage nach der inneren Logik und den Grundlagen nicht ein für alle Mal beantwortet. Vielmehr ist sie in alle Prozesse und Entwicklungen systemisch einzubeziehen.

Jede Gesellschaftslehre noch in den siebziger Jahren referierte, dass Ehe und Familie die Grundlage einer Gesellschaft bilden. Das Thema ist heute aus Lehre, Theorie und Debatte schlicht verschwunden. Wer es anschneidet, wird in eine konservative, eher noch reaktionäre Ecke geschoben, nicht ernst genommen. Tatsache ist aber, dass

Ehe und Familie keineswegs als Grundlage gesellschaftlicher Ordnung ersetzt wären. Sie werden immer noch von einer großen Mehrheit und vor allem auch von vielen jungen Menschen angestrebt und gelebt. Freilich hat sich das Verständnis von Ehe und Familie spätestens nach 1968 deutlich verändert. Rollenzuschreibungen, Erziehungsmaximen und -modelle, auch die Gestaltungsspielräume in einer Partnerschaft haben sich verändert. Tatsache ist aber auch, dass mehr als 40 Prozent (nur der rechtlich geschlossenen Ehen) mit diesem Lebensentwurf scheitern. Das hat ein unfassbar großes Leid für die Betroffenen und ihr jeweiliges Umfeld zur Folge. Die Gesellschaft schweigt sich darüber aus oder kleistert es mit Sprüchen zynischen Scheidungshumors zu. Eigentlich aber wäre hier ein ernsthaftes Bemühen der Gesellschaft gefordert, eine Fürsorge des WIR, um den Menschen in Ehe und Familie die Unterstützung zukommen zu lassen, die ihr gemeinsames Leben gelingen lässt!

Hier geht es explizit nicht um die Debatte, ob die katholische Ehe-Vorstellung im Staat gelten soll. Es geht auch nicht darum, ob Ehe und Familie auch von gleichgeschlechtlichen Paaren gegründet werden können, ob alle Partnerschaften prinzipiell steuerrechtlich den Ehen gleichzusetzen sind, oder um weitere in den letzten Jahren heftig diskutierte »Details«. Dass der Staat von der Lehre der Unauflöslichkeit einer kirchlich geschlossenen Ehe und vom katholischen Verständnis von Ehe und Familie abweichen kann und darf, ist längst beantwortet und im staatlichen Recht wie auch in der Lebensrealität der Bürger verankert. Gleiches gilt für den Status gleichgeschlechtlicher Partnerschaften. Doch all diese Veränderungen an der gesellschaftlichen Ordnung und der staatlichen Rechtslage befreien nicht von der Verantwortung, die Staat und Gesellschaft für die Unterstützung von Partnerschaften, Ehen und Familien (jeder Art!)

als »Grundlagen der Gesellschaft« haben. Sie ist nicht mit steuerlichen Vergünstigungen abgegolten. Das alte System »Ehe und Familie«, diese Basis des WIR, ist nach Möglichkeit zu stärken und zu unterstützen, wo es nur geht. Auch an Entwicklungen anzupassen. Das ist im Interesse der Individuen und des WIR! Aber nichts geschieht!

Ähnliches gilt für die Parteien. Sie sind unverzichtbare Subsysteme in unserer parlamentarischen Demokratie. Sich mit ihnen und ihren Programmen, auch den tagespolitischen Aussagen, kritisch auseinanderzusetzen, liegt im Sinn und im Interesse einer auf Diskurs angelegten politischen Kultur. Sie hingegen pauschal verächtlich zu machen, schadet der Demokratie.

Große Gesellschaften benötigen die organisierte Vertretung von Interessen und Gruppen. Sie müssen die Konkurrenz der Meinungen fördern, organisieren und schließlich zu Entscheidungen finden. Es braucht Expertenwissen, Erfahrung in politischen Abläufen und die Delegation von Verantwortung. Ohne die Parteien und die in ihnen tätigen Mitglieder wäre das unmöglich. Nur sehr autoritäre Systeme können darauf verzichten. Problematisch ist es, wenn sich die etablierten Parteien nicht mehr hinreichend voneinander unterscheiden und sich – wie in Deutschland tendenziell in den zurückliegenden Jahren – immer mehr opportunistisch in der »Mitte« tummeln. Die Parteien machen sich zu sehr abhängig von Medienbewertungen und Umfragen. Sie vermeiden weitgehend die Kontroverse. Das genau ist aber nicht die Aufgabe der Parteien. Die Demokratie lebt von der Konkurrenz der Meinungen. Sie kommt nicht voran, wenn lediglich Einigkeit beschwört und der Mainstream vertreten werden. Sie benötigt den Streit der Meinungen in einer heterogenen Gesellschaft, damit kluge und neue Entwürfe für die Zukunft des Staates entstehen. Bleibt das aus, degeneriert die Demokratie, marginalisieren sich die Parteien und bilden sich Splittergruppen an den extremen Rändern. Politikverdrossenheit und ein Verlust an Zusammengehörigkeitsgefühl sind die Folgen. Unser gegenwärtiges Parteiensystem ist fraglos reformbedürftig, aber verzichtbar ist es nicht! Das gilt auch für die Kirchen. Die sind ja nun richtig »alt«. Ich gehöre mit Überzeugung zu meiner Kirche und habe ein Amt in ihr. Dass ich sie nicht obsolet finde, ist klar. Das gilt aber nicht nur aus dem Blickwinkel von Theologie und Glauben. In der gegenwärtigen Situation unserer Gesellschaft können wir auf keine halbwegs noch funktionierende Organisation verzichten. Die Schwächung jedes Subsystems würde eine weitere Destabilisierung des Systems im Ganzen zur Folge haben. Das sage ich ausdrücklich den Menschen, denen alle Pfaffen ein Gräuel, die Kirche ein kostspieliger Parasit und die kirchliche Lehre ein Relikt aus dem finsteren Mittelalter sind. Das sage ich zu denen, die mit nicht unerheblichem Aufwand von Energie und Aggression darum bemüht sind, die Kirchen zu schwächen. Beide Kirchen bilden einen bedeutenden Kitt in unserer Gesellschaft. Sie verbinden Individuen, organisieren gemeinschaftliches Leben und übernehmen zweifelsohne ein hohes Maß an sozialer Verantwortung. Trotz erheblicher Einbrüche und eines spürbaren Verlustes an Akzeptanz sind sie noch immer wichtige Akteure im WIR der Gesellschaft. Sie sind tätig nicht nur für ihre Mitglieder, sondern wirksam für viele darüber hinaus. Es hätte unvorstellbare Folgen, würden die Kirchen ihre sozialen und pädagogischen Aufgaben und ihre seelsorgliche Zuwendung einstellen. Wo die Kirchen das gegenwärtig tun müssen, weil es ihnen an Ressourcen mangelt, wird deutlich, was das bedeutet. Auch sollte wertgeschätzt werden, dass die Kirchen eigene Meinungen vertreten und sie in den gesellschaftlichen Diskurs einbringen. Wer ihnen das zum Vorwurf macht, dem fehlt es nicht nur an der notwendigen Toleranz. Er hat nicht verstanden, worauf es in einer demokratischen Gesellschaft ankommt. Dass man mehr von den Kirchen erwarten könnte als nur ein introvertiertes Um-sich-selbst-Kreisen und ein Blockiert-Sein von Zukunftsängsten, ist bereits gesagt. Die Kirchen fänden nicht allein durch Bekenntnis und Ritus, sondern auch durch ein neues Engagement für das WIR wieder zu sich selbst. Eine entsprechende Einsicht lässt aber auf sich warten.

Die Zivilgesellschaft von morgen realisiert sich nicht im Abbruch der alten Systeme und Subsysteme. Sie braucht sie, nicht zuletzt auch deshalb, weil sie verlässliche Werte transportieren, auf die ein demokratisches System angewiesen ist. Wo dieser Transfer von Werten in die kommende Generation nicht mehr geleistet wird und durch andere Systeme ersetzt werden kann, gefährdet die Demokratie ihre Zukunft. Es gibt, wie dargestellt, vieles, was auf eine solche Entwicklung hinweist. Deshalb muss der Zivilgesellschaft von morgen und dem Staat – soweit möglich – an der Stabilisierung, Stärkung und Neuausrichtung dieser Systeme auf die akuten Herausforderungen gelegen sein. Was aber ausdrücklich nicht heißt, alles müsse, dürfe und könne beim Alten bleiben.

Nötig: Neue Ideen

Das Verschwinden der herkömmlichen Subsysteme, der Parteien, Gewerkschaften, Kirchen und Verbände hätte verheerende Auswirkungen. Gleichwohl wird es nicht ausreichen, sie zu stabilisieren und zu renovieren. Die Zivilgesellschaft von morgen braucht außerdem Neues. Neue Ideen, auch neue Subsysteme, die gemeinschaftliches Leben ermöglichen.

Ich würde alles dafür tun, Ehe und Familie mehr Unterstützung zukommen zu lassen, damit sie sich wieder als Systeme festigen. Auch damit junge Menschen sie als Lebensentwurf für sich entdecken können. Ich hoffe auch auf die Erneuerung der Parteien, Gewerkschaften und Kirchen, ob von innen her motiviert oder durch die gesellschaftlichen Herausforderungen erzwungen. Aber das alles kann und wird nicht reichen. Es gibt viele Menschen, die einmal in einer Partei waren, enttäuscht wurden und nicht wieder eintreten würden. Viele, die sich von ihrer Kirche entfernt haben und kein Bedürfnis verspüren, es mit ihr noch einmal zu versuchen. Viele, die mit einer Ehe oder Familie gescheitert sind und es nicht auf einen neuen Versuch ankommen lassen wollen. Die Zahl derer, die in den alten Systemen keinen Platz für sich sehen, ist groß. Für sie würde eine Betonung nur des Alten keine Lösung sein. Wir brauchen neue Formen und Ideen des WIR. Das bezieht sich auf den konkreten Sozialraum des Einzelnen wie die Gesamtgesellschaft.

Das kann eine neue Partei sein, eine Stiftung, ein Verein, eine Nicht-Regierungsorganisation, eine Nachbarschaftsinitiative oder ein Mehrgenerationen-Wohnprojekt. Bestimmt werden auch ganz neue Ideen und Formate entstehen. Es sind viele Formen des WIR im Sinne einer solidarisch-subsidiären Gemeinschaft denkbar. Anknüpfungspunkte gibt es reichlich dafür. Naheliegend sind Wohnort und Sozialraum, an dem man sich mehr oder weniger zufällig zusammenfindet und den man sinnvoll gestalten will. Verbinden können das Interesse an der Erziehung und Bildung der Kinder oder die Versorgung der auf Hilfe angewiesenen Eltern. Gemeinschaft begründen kann ein politisches Interesse an den Dingen unmittelbar vor der Haustür oder in globalen Zusammenhängen. Vieles mehr käme in Frage: das Kulturleben und der Sport, die Integration von Menschen mit Migrationshintergrund und die Inklusion von Menschen mit Benachteiligungen, die gemeinsame Mobilität oder digitale Kommunikation, das soziale Engagement für Hilfsbedürftige und am Rand Stehende.

Entscheidend wird nicht die Größe einer Gruppe sein. Davon werden weder Daseinsberechtigung noch Erfolg abhängen. Vielmehr bewahren kleinere Formen des Miteinanders mehr Unmittelbarkeit und ermöglichen die direkte Partizipation. Wichtiger werden die zugrunde liegende Idee und die Nützlichkeit für das WIR und den Einzelnen sein. Ein Mehrgenerationen-Wohnprojekt braucht nicht unbedingt viele Interessierte. Es kann schon mit drei, vier oder fünf Parteien viel Sinn machen und gut gelingen. Aber vorausschauend organisiert und vorher detailliert abgesprochen muss es sein, damit das Zusammenleben von Menschen, die sich bis dahin fremd waren, gut verläuft. Auch für Projekte mit Modellcharakter ist nicht die Größe entscheidend, sondern das Gelingen und die Übertragbarkeit.

Wahrscheinlich werden es Netzwerke mit niedrigeren Einstiegshürden sein, als sie von Kirchen und Parteien, auch von Vereinen bekannt sind. Eine Möglichkeit der Beteiligung muss formal und inhaltlich unkompliziert sein, ohne schwer zu verstehende Bedingungen und Regeln. Besondere Akzeptanz dürften die Gruppierungen finden, die sich nicht mit etwas Abstraktem oder Entferntem befassen, sondern einen Bezug zu dem herstellen, was lebensnah ist und eine direkte Verbindung zum sozialen Umfeld bietet. Viele neu entstehende Formen des WIR werden nahezu ganz ohne rechtliche, organisatorische und strukturelle Vorgaben auskommen. Andere werden gerade mit gut durchdachten Strukturen weiterkommen. Wichtig für die Zukunft der neuen Zivilgesellschaft ist, dass sich neu entstehende Gruppen und Gemeinschaften nicht abgrenzen und als geschlossene Milieus definieren, wie es die radikalen Kräfte tun. Es braucht die Offenheit aller Subsysteme, damit im Zusammenspiel vieler Kräfte die großen Herausforderungen der Zukunft gelöst werden können. Also werden die neuen Gruppen gut daran tun, sich um die intensive Vernetzung mit anderen zu bemühen.

Möglicherweise entsteht perspektivisch ein neuer Sektor neben Staat und bereits institutionalisierten Systemen wie den Kirchen, Parteien und Vereinen. Aber die alten Systeme könnten mit guten Ideen und Angeboten, die nicht an feste Mitgliedschaft und gemeinsame Überzeugung gekoppelt sind, Impulse für neue Initiativen geben: freie »Tochtergesellschaften«, die mit ihrer Unterstützung und Starthilfe entstehen und Menschen zusammenbringen, die sich nicht unmittelbar in den etablierten Systemen niederlassen wollen. Voraussetzung: Sie müssen sich als Teil des WIR verstehen, die berühmte Augenhöhe suchen und nicht den aus Gottes- oder Geldgnadentum ermächtigten Patriarchen geben. Menschen mit Ideen, geistiger Unabhängigkeit, Einsatzbereitschaft und gleichberechtigtem Umgang sind willkommen, egal aus welchen Systemen sie stammen. Man wird dabei schnell merken, ob es einer ehrlich meint, oder ob er mit dem WIR nur eigene Absichten verfolgt. So in etwa war unser Start in Bad Godesberg mit der Bürgerstiftung Rheinviertel: kirchlich initiiert und unterstützt, mit ihr verbunden, aber nicht nach ihrem Kommando und nicht mit der Voraussetzung eines Bekenntnisses zum christlichen »Credo«.

Kurz:

Gemeinschaftliche Werte und das WIR einerseits und der Individualismus andererseits bedingen einander.
Wer das vernachlässigt oder ausblendet, riskiert die Errungenschaften der modernen Demokratie.

Die Zivilgesellschaft von morgen braucht die alten Systeme als Stabilitätsfaktoren. Sie müssen sich allerdings auf die veränderten Herausforderungen einstellen. Genauso wichtig sind alle möglichen und kreativen neuen Ideen und Formen, die ein WIR ermöglichen.

Was dann?

Aus Altruismus und Opferbereitschaft allein wird das WIR nicht groß werden. Aber natürlich ist jeder Mensch willkommen, der mit Nächstenliebe ans Werk gehen möchte. Das kann nur positiv sein. Gleichwohl werden »Opfer« unvermeidbar sein: von Zeit, Geld und Ressourcen. Ohne den Einsatz des knappen Gutes Zeit und die Bereitstellung von finanziellen Mitteln wird kaum eine Idee verwirklicht werden können. Andere Opfer wird es brauchen: den Verzicht auf eigene Vorteile und feste Zielsetzungen, auf liebgewonnene Gewohnheiten und Egoismen. Ohne eine Veränderung der Denkweisen und der Lebensgewohnheiten wird alles beim Alten bleiben und sich nichts Neues ergeben können. So wird man die Situation von Kindern und alten Menschen, von Familien und Benachteiligten nicht verändern. So wird der Verfall fortschreiten und sich die Polarisierung der Gesellschaft weiterentwickeln. So werden am Ende viele alleine dastehen.

Jeder Mensch sollte einbringen, was er kann. Für den einen wird es Geld sein, für den anderen Lebenszeit. Jeder nutzt seine »Gabe zu geben«. Entsprechend gibt es so viele Möglichkeiten, in das WIR zu investieren, wie es Individuen gibt. Es kann dabei sein, dass der, der eine große Summe spendet, das als kleineres Opfer empfindet als der, der etwas Zeit erübrigen muss. Objektive Bewertungsmöglichkeiten gibt es nicht, sie sind aber auch nicht notwendig. Wichtig ist, einen Beitrag zu leisten.

Mancher, der seine Leidenschaft für das WIR entdeckt, wird in dieser Aufgabe aufgehen und sich vermutlich über die Maßen einsetzen. Von solchen Menschen mit Idealen und Einsatzbereitschaft, auch Überzeugungskraft wird im Letzten – wie überall – viel abhängen. Es ist nicht zu bestreiten, dass der Dienst an der neuen Zivilgesellschaft auch Enttäuschungen mit sich bringt und auf Widerstände stoßen kann. Es ist manchmal verwunderlich, wie zäh das Beharrungsvermögen von Menschen ist und welche Aggressionen es auslöst, wenn sie sich in dem gestört fühlen, was sie gewohnt sind. Es braucht ein gewisses Maß an Frustrationstoleranz und Widerstandsfähigkeit, um sich dem entgegenzustellen. Man muss zu akzeptieren bereit sein, dass es Menschen geben wird, die nicht anerkennen, dass es das WIR braucht, und die nicht dafür zu gewinnen sind, sich in irgendeiner Weise einzubringen. Sie werden auf die Früchte des WIR verzichten. Auf die Freude und die Zufriedenheit, die gemeinsam gelöste Aufgaben bewirken. Auf das, was das WIR zurückgibt: Ideen und Kreativität, Unterstützung und Solidarität, Freundschaft, Verbindlichkeit und Dankbarkeit, Halt und Sicherheit. Die Möglichkeiten des WIR, dem Einzelnen etwas zu geben und die Gesellschaft zu verändern, sind groß. Töricht, wer sich davon ausschließt. Er schadet sich selbst.

Im Letzten zählt die innere Überzeugung, dass es das WIR, dass es ein Zusammenrücken und gemeinsame Problemlösungen braucht. Wenn die Vernunft siegt und das Herz die Richtung weist, wird sich ein WIR entwickeln und auf den Weg machen. Wohin? Das wird sich zeigen.

Forderungen:

1. Nicht zu früh den Grabgesang auf die alten Systeme anstimmen! WIR brauchen sie noch!

2. Wir müssen mutig neue Formen von Gemeinschaft fördern und zulassen.

3. Wer Demokratie will, muss das WIR stärken! Wer die Vorzüge des WIR in Anspruch nehmen möchte, muss in das WIR investieren. Jeder ist gefordert, mit seiner »Gabe zu geben«.

»WIR MACHEN DAS!«
Die Debatte fängt an

Wir stehen vor einem Kollaps der Systeme. Das fordert uns heraus, neue Systeme zu bilden und gleichzeitig alte zu stärken. Es gibt keine Alternative zum WIR, wenn wir überleben wollen.

Die Probleme sind gravierend. So sehr, dass sie mit ihrer Schwere selbst eine günstige Voraussetzung für ihre Bewältigung schaffen. Denn große Teile der Bevölkerung spüren bereits die totale Überforderung der Systeme. Sie wissen, dass sie auf Neues angewiesen sein werden. Die bange Frage nach dem Alleinsein und der Versorgung in ihrem Alter nagt in dieser überalterten Gesellschaft trotz der weitgehenden Tabuisierung längst auch an denen, die jetzt noch fit und leistungsstark sind: Sie fürchten die eigene Zukunft. Die Kinder stecken in einem Erziehungs- und Bildungssystem voller Defizite. Eltern, junge Familien, auch die vielen in der Großelterngeneration, die in die Betreuung der Enkel eingebunden sind, müssen Probleme bewältigen, die ihre eigenen Möglichkeiten und Kräfte maßlos übersteigen.

Deshalb dürften das Aufdecken der Strukturprobleme, die endlich enttabuisierte Diskussion und die Präsentation von zivilgesellschaftlichen Lösungsansätzen auf ein hohes Interesse in der Bevölkerung stoßen. Die Betroffenheit und der Bedarf an Perspektiven ist immens und wächst täglich. Schließlich geht es nicht um Themen von Minderheiten, sondern um Fragen, die die Gesellschaft als Ganzes und das Leben jedes Einzelnen betreffen. Wer meint, er sei nicht betroffen, täuscht sich selbst. Was wird aus mir, aus meinen alten Angehörigen, den Kindern, den Eltern, wenn die Systeme weiter erodieren?

Günstig für zivilgesellschaftliche Lösungsprozesse sind die bundesweit vielen abrufbaren Ressourcen. Die Gesellschaft, die Wirtschaft und zunehmend auch wieder das Staatswesen verfügen über erhebliche finanzielle Mittel. Große Sparvermögen stehen zur Verfügung. Viele Privatvermögen finden keine direkten Erben und könnten, dem Willen der Erblasser folgend, dem WIR zugute kommen.

Mittelständische Unternehmen und große Konzerne hätten in Zeiten prosperierender Wirtschaft die Möglichkeit, sehr viel systematischer und relevanter Mittel aus Rücklagen oder Gewinnen für »cooperate social responsibility« und »cooperate citizenship« zu bestimmen. Auch zusätzliche Steuereinnahmen würden gezielt zur Impulssteuerung für die Zivilgesellschaft und zur Förderung von bürgerschaftlichem Engagement genutzt werden können.

Für das Ehrenamt steht ebenfalls ein erhebliches Potenzial zur Verfügung. Ein Drittel der Bevölkerung erfüllt bereits eine gemeinnützige Aufgabe, ein Drittel will keine, aber, so sagt die Statistik, ein Drittel sucht nach dem passenden Engagement. Keine Generation je zuvor hat über so viel Freizeit verfügen können wie unsere. Ehrenamtliche Beschäftigungen sind sinnvoll, notwendig und geben – am richtigen Ort und mit aufmerksamen Menschen – etwas zurück, was berufliche Beschäftigungen nur selten bieten. Ältere Menschen jenseits des Berufslebens erfahren eine ständig wachsende Lebenserwartung und -qualität. Sie können sehr viele Kompetenzen und Erfahrungen ehrenamtlich einbringen. Die viele freie Zeit vieler Bürger gezielt anzufragen, zielgerichtet zu koordinieren und ihre Verwendung im sozialen Bereich durch Staat, Wirtschaft, Kirchen, Verbände zu fördern, könnte Berge versetzen und die Gesellschaft erneuern. Die Förderung des Ehrenamtes müsste nur systematischer erfolgen. Zum Beispiel: Anstatt abzuwarten, bis sich bei dieser Organisation oder jener Kirchengemeinde ein

Interessent meldet, könnten Berater die betreffenden Menschen schon vor dem Berufsende aufsuchen und mit ihnen individuell angepasste Anschlussengagements suchen, also den Übergang vom Beruf in das Ehrenamt standardisieren. Der Staat sollte ehrenamtliches Engagement genauso wie Spenden anerkennen und fördern. Menschen würden sich ein eigenes Sozialkonto zur persönlichen Vorsorge anlegen, auf dem der ehrenamtliche Einsatz verbucht wird. Der entsprechende Kontostand würde später bei der Bemessung von Hilfestellungen genauso Berücksichtigung finden wie die geleisteten Zahlungen in Renten- und Pflegeversicherung. Das dürfte die Bereitschaft zu sozialem Engagement erheblich beflügeln.

Die digitale Welt mit ihren schnellen Wegen und unbegrenzten Vernetzungsmöglichkeiten begünstigt die Bildung neuer Systeme und die öffentliche Verbreitung von Lösungsansätzen. Kompetenz ist mobil! Notwendige Diskussionen und die Suche nach Lösungsansätzen können schnell organisiert werden und in einer breiten Öffentlichkeit erfolgen. Experten auf der ganzen Welt sind erreichbar. Die Organisation von Projekten wird also erheblich erleichtert. Allerdings fehlt es bundesweit an Plattformen, die der sozialen Erneuerung und der Vernetzung im Bereich bürgerschaftlichen Engagements gewidmet sind. Das könnte leicht geändert werden! Eine breite gesellschaftliche Vernetzung, die die Alten und die Eliten, die Jugendlichen, Studierenden und Eltern, Publizisten, Facharbeiter, Unternehmer, Sozialexperten, Flüchtlinge, Techniker... einbezieht, würde viele zum Einsatz bereite Bürger schnell zu einem Teil des WIR werden lassen:

WIR suchen gemeinsam nach neuen Wegen
WIR tauschen uns darüber aus.
WIR stellen zur Verfügung und lassen kopieren
WIR bewegen uns verschieden – aber alle gemeinsam.

Es gibt bei vielen Menschen eine Sehnsucht nach Bewegung. Sie haben den Stillstand satt. Sie möchten Veränderungen und wollen verändern. Neues macht sie neugierig, provoziert sie, fordert sie heraus. Sie nehmen die Idee einer neuen Zivilgesellschaft gerne an. Sie erwarten für ihren Einsatz im WIR eine ehrliche Ansprache, authentische Impulsgeber, die Verständigung auf klare gemeinsame Ziele.

WIR machen das.

Näheres zur Bürgerstifung Rheinviertel:
www.buergerstiftung-rheinviertel.de

Für alle Lebensliebhaber bietet das Gütersloher Verlagshaus Durchblick, Sinn und Zuversicht. Wir verbinden die Freude am Leben mit der Vision einer neuen Welt.

UNSERE VISION EINER NEUEN WELT

Die Welt, in der wir leben, verstehen.

Wir sehen Menschlichkeit als Basis des Miteinanders:
Mitgefühl, Fürsorge und Beteiligung lassen niemanden verloren gehen. Wir stehen für gelingende Gemeinschaft statt individueller Glücksmaximierung auf Kosten anderer.

Wir leben in einer neugierigen Welt:
Sie sucht ehrgeizig und mitfühlend Lösungen für die Fragen unseres Lebens und unserer Zukunft. Wir fragen nach neuem Wissen und drücken uns nicht vor unbequemen Wahrheiten – auch wenn sie uns etwas kosten.

Wir leben in einer Gesellschaft der offenen Arme:
Toleranz und Vielfalt bereichern unser Leben. Wir wissen, wer wir sind und wofür wir stehen. Deshalb haben wir keine Angst vor unterschiedlichen Weltanschauungen.

Das Warum und Wofür unseres Lebens finden.

Wir helfen einander, uns selber besser zu verstehen:
Viele Menschen werden sich erst dann in ihrem Leben zuhause fühlen, wenn sie den eigenen Wesenskern entdecken – und Sinn in ihrem Leben finden.

Wir ermutigen Menschen, zu ihrer Lebensgeschichte zu stehen:
In den Stürmen des Alltags geben wir Halt und Orientierung. So können sich Menschen mit ihren Grenzen aussöhnen und zuversichtlich ihr Leben gestalten.

Wir haben den Mut, Vertrautes hinter uns zu lassen:
Neugierde ist die Triebfeder eines gelingenden Lebens. Wir wagen Neues, um reich an Erfahrung zu werden.

Erfahren, was uns im Leben trägt und erfreut.

Wir glauben an die Vision des Christentums:
Die Seligpreisungen der Bergpredigt lassen uns nach einer neuen Welt streben, in der Vereinsamte Zuwendung, Vertriebene Zuflucht, Trauernde Trost finden – und Gerechtigkeit, Barmherzigkeit und Frieden herrschen.

Wir geben Menschen die Möglichkeit, den Glauben (neu) zu entdecken:
Persönliche Spiritualität gibt Kraft, spendet Trost und fördert die Achtung vor der Schöpfung sowie die Freude am Leben.

Wir stehen mit Respekt vor der Glaubenserfahrung anderer:
Wissen fördert Dialog und Verständnis, schützt vor Fundamentalismus und Hass. Wir wollen die Schätze anderer Religionen kennenlernen, verstehen und respektieren.

GÜTERSLOHER VERLAGSHAUS
DIE VISION EINER NEUEN WELT

Bibliografische Information der Deutschen Nationalbibliothek
Die Deutsche Nationalbibliothek verzeichnet diese Publikation
in der Deutschen Nationalbibliografie; detaillierte bibliografische
Daten sind im Internet über https://portal.dnb.de abrufbar.

climate-id.com/12559-1708-1001

Verlagsgruppe Random House FSC® N001967

1. Auflage
Copyright © 2018 Gütersloher Verlagshaus, Gütersloh,
in der Verlagsgruppe Random House GmbH,
Neumarkter Str. 28, 81673 München

Sollte diese Publikation Links auf Webseiten Dritter enthalten,
so übernehmen wir für deren Inhalte keine Haftung, da wir uns
diese nicht zu eigen machen, sondern lediglich auf deren Stand
zum Zeitpunkt der Erstveröffentlichung verweisen.

Druck und Bindung: GGP Media GmbH, Pößneck
Printed in Germany
ISBN 978-3-579-08727-6

www.gtvh.de